TEMPO PARA DEUS

Guia para a vida de oração

Conheça nossos clubes

Conheça nosso site

- @editoraquadrante
- @editoraquadrante
- @quadranteeditora
- Quadrante

JACQUES PHILIPPE

TEMPO PARA DEUS

Guia para a vida
de oração

6ª edição

Tradução de
Jacira R. Simaika

Revisão de
Emérico da Gama

São Paulo
2022

Título original
Du temps pour Dieu. Guide pour la Vie d'Oraison

Copyright © 2006 Éditions des Béatitudes S.O.C.,
França, 1991

Capa de
Gabriela Haeitmann

Dados Internacionais de Catalogação na Publicação (CIP)

Philippe, Jacques, 1947-
   Tempo para Deus: Guia para a vida de oração / Jacques Philippe; tradução de Jacira R. Simaika – 6ª ed. – São Paulo : Quadrante, 2022 – (Temas cristãos; 125-6).

   Título original: *Du temps pour Dieu. Guide pour la Vie d'Oraison*
   ISBN: 978-85-54991-76-0

   1. Contemplação 2. Espiritualidade 3. Meditação 4. Oração I. Título
   CDD-248.32

Índice para catálogo sistemático:
1. Oração : Espiritualidade : Cristianismo 248.32

Todos os direitos reservados a
QUADRANTE EDITORA
Rua Bernardo da Veiga, 47 - Tel.: 3873-2270
CEP 01252-020 - São Paulo - SP
www.quadrante.com.br / atendimento@quadrante.com.br

Introdução

Na tradição católica ocidental, chamamos «oração» a essa forma de rezar que consiste em pôr-se na presença de Deus durante um tempo mais ou menos longo, em solidão e silêncio, com o desejo de entrar em íntima união de amor com Ele.

Todos os mestres de vida espiritual consideram que «fazer oração», isto é, praticar regularmente essa forma de prece, é o meio privilegiado e indispensável de ter acesso a uma autêntica vida cristã, de conhecer e amar a Deus e de estar em condições de atender ao apelo de santidade que Ele dirige a cada um.

Hoje, são muitas as pessoas – e devemos alegrar-nos com isso – que têm sede de Deus e sentem o desejo de adquirir essa vida de oração pessoal profunda e intensa: quereriam «fazer oração». Mas encontram diversos obstáculos para enveredar seriamente por essa via e sobretudo para perseverar nela. Falta-lhes com frequência o valor necessário para se decidirem a começar, ou sentem-se desamparadas por não saberem muito bem como fazê-lo; ou ainda, após repetidas tentativas, desanimam perante as dificuldades e abandonam essa prática.

Ora, essa atitude é infinitamente lamentável, porque a perseverança na oração – segundo o testemunho unânime de todos os santos – é a porta estreita que nos abre o Reino dos Céus. É por ela, e só por ela, que nos são dados todos esses bens que *nem olho algum viu, nem ouvido algum ouviu, nem o coração humano imaginou, mas que Deus preparou para aqueles que o amam* (cf. 1 Cor 2, 9). É a fonte da autêntica felicidade, pois quem a pratica não deixará de *provar e ver como o Senhor é bom* (cf. Sal 34, 9) e encontrará a água prometida por Jesus: *Aquele que beber da água que eu lhe darei jamais terá sede* (Jo 4, 14).

Convencidos desta verdade, desejamos oferecer nestas páginas algumas orientações e conselhos, os mais simples e concretos possíveis, com o fim de ajudar todas as pessoas de boa vontade e desejosas de fazer oração a enveredar por esse caminho e a perseverar nele, sem se deixarem abater pelas dificuldades que hão de encontrar inevitavelmente.

São numerosas as obras que tratam de oração. Todos os grandes contemplativos falaram dela melhor do que nós podemos fazê-lo, e, aliás, citá-los-emos com frequência. No entanto, parece-nos que a doutrina tradicional da Igreja sobre este tema tem de ser oferecida aos crentes de um modo simples, acessível a todos, adaptado à sensibilidade e à linguagem atual, tendo em conta também que a pedagogia que Deus, na sua sabedoria, utiliza hoje para conduzir as almas à santidade não é a mesma dos séculos passados. Esta é a intenção que nos guiou na redação deste pequeno livro.

A oração não é uma técnica, mas uma graça

A oração não é um «ioga» cristão

Para perseverar na vida de oração, é necessário evitar extraviar-se desde o começo, partindo de pistas falsas. É indispensável, pois, compreender o que é específico da oração cristã e a distingue de outras práticas espirituais. E é tanto mais necessário quanto a verdade é que o materialismo da nossa cultura suscita, como reação, uma sede de absoluto, de mística, de comunicação com o Invisível, que é boa, mas que costuma perder-se em experiências decepcionantes e mesmo destrutivas.

A primeira verdade fundamental que temos de captar, sem a qual não podemos ir muito longe, é que a vida de oração – a oração contemplativa, para empregar outro termo – não é fruto de uma técnica, mas um dom a ser acolhido. Santa Joana de Chantal dizia que «o melhor método de oração é não ter nenhum, porque a oração não pode ser obtida por artifício (por técnica, diríamos hoje), mas por graça». Não existe nenhum método de oração no sentido de que não existe um conjunto de receitas, de procedimentos, que bastaria aplicar para orar bem. A verdadeira oração contemplativa é um dom que Deus concede gratuitamente, mas que devemos aprender a receber.

É necessário insistir neste ponto, sobretudo nos dias que correm. A ampla difusão dos métodos orientais de meditação, como o ioga, o *zen*, etc., bem como a nossa mentalidade moderna que pretende reduzir tudo a técnicas, e ainda essa tentação permanente do espírito humano de fazer da vida – mesmo da vida espiritual – algo que se possa manobrar à vontade, fazem com que, mais ou menos conscientemente, se tenha uma imagem falsa da vida de oração, como se se tratasse de uma espécie de «ioga» cristão. O progresso na oração dependeria de processos de concentração metal e de recolhimento, de técnicas de respiração apropriadas, de posições do corpo, da repetição de certas fórmulas, etc. Uma vez bem dominados esses elementos por meio do hábito, permitiriam ao indivíduo ter acesso a um estado de consciência superior. Esta visão das coisas, que subjaz às técnicas orientais, influi por vezes na ideia que se faz da oração e da vida mística no cristianismo e dá uma visão completamente errônea delas.

Errônea porque se prende a métodos em que, no fim das contas, o elemento determinante é o esforço do homem, ao passo que no cristianismo tudo é graça, dom de Deus. É verdade que pode haver um certo parentesco entre o asceta ou «espiritual» oriental e o contemplativo cristão, mas esse parentesco é apenas externo; quanto à essência das coisas, trata-se de dois universos bem diferentes e mesmo incompatíveis[1].

A diferença essencial é a que expusemos. Num caso, trata-se de uma técnica, de uma atividade que depende essencialmente do homem e das suas capacidades – mesmo que com frequência se fale de «capacidades inexploradas» pelo comum dos mortais e que precisamente o «método de meditação» se proporia revelar e desenvolver –; e, no outro, pelo contrário, trata-se de Deus, que se dá livre e gratuitamente ao homem. Ainda que, como veremos, haja lugar para uma certa iniciativa e atividade por parte do homem, todo o edifício da vida de oração assenta na iniciativa de Deus e na sua Graça. Nunca se deve perder de vista esta verdade, porque, mesmo sem cairmos na confusão acima descrita, uma das tentações permanentes e por vezes sutil na vida espiritual é a de baseá-la nos esforços pessoais e não na misericórdia gratuita de Deus.

---

(1) Para aprofundar neste ponto, veja-se a obra coletiva *Des bords du Gange aux rives du Jourdain*, Saint Paul, 1983.

Há uma outra diferença essencial entre a espiritualidade cristã e as que se inspiram em sabedorias da Ásia não-cristã: segundo estas últimas, o fim do itinerário espiritual é com freqüência uma absolutização do Eu ou uma espécie de absorção num grande Todo, uma eliminação do sofrimento pela extinção do desejo e a dissolução da individualidade. No cristianismo, pelo contrário, o fim último da vida de oração é inteiramente diverso: o de uma transformação em Deus que está diante de nós, uma união de amor de pessoa a pessoa. União profunda, mas que respeita a distinção de pessoas, justamente para que possa haver nelas um dom recíproco de amor.

As consequências do que acabamos de afirmar são numerosas e muito importantes. Vejamos algumas delas.

Algumas consequências imediatas

A primeira consequência é que, muito embora alguns métodos ou exercícios possam ajudar-nos na oração, não devemos atribuir-lhes demasiada importância nem basear tudo neles. Isso seria centrar a vida de oração em nós mesmos e não em Deus, o que é exatamente o erro que não se deve cometer! Também não devemos pensar que nos basta um pouco de treino, ou aprender certos «truques», para nos livrarmos das nossas dificuldades em orar, das nossas distrações, etc. A razão profunda que nos faz progredir e crescer na vida espiritual é totalmente de outra ordem. Aliás, para nossa felicidade, porque, se o edifício da oração devesse alicerçar-se no nosso engenho, não iríamos muito longe. Santa Teresa de Ávila afirma que «todo o edifício da oração se baseia na humildade», quer dizer, na convicção de que por nós mesmos não podemos nada, mas é Deus, e somente Ele, que pode produzir qualquer bem na nossa vida. Esta convicção pode parecer um pouco amarga para o nosso orgulho, mas é libertadora, porque Deus, que nos ama, nos fará chegar infinitamente mais longe e mais alto do que poderíamos chegar pelos nossos próprios meios.

Este princípio fundamental tem uma outra consequência libertadora. Diante de determinada técnica, sempre há pessoas mais bem dotadas e outras menos. Se a vida de oração fosse uma questão de técnica, haveria pessoas capazes de uma oração contemplativa e outras não. É verdade que há quem tenha maior facilidade para recolher-se, para cultivar belos pensamentos, etc., mas isso não tem a menor importância. Se correspondemos fielmente à graça divina de acordo com a nossa personalidade, com os seus dons e as suas fraquezas, todos somos capazes de uma vida de oração muito profunda. O convite à oração, à vida mística, à união com Deus na oração, é tão universal como o convite à santidade, porque uma não existe sem a outra. Não há absolutamente ninguém excluído. Não é a uma elite escolhida, mas a todos sem distinção que Jesus se dirige quando diz: *Orai em todo o tempo* (Lc 21, 36) ou: *Quando orares, entra no teu quarto, fecha a porta e ora ao teu Pai em segredo; e teu Pai, que vê o que se passa em segredo, te recompensará* (Mt 6, 6).

Outra consequência que vai orientar toda a nossa exposição. Se a vida de oração não é uma técnica que devamos dominar, mas uma graça que devemos acolher, um dom que vem de Deus, o mais importante ao tratarmos dela não é falar de métodos nem de receitas, mas dar a conhecer as condições que permitem acolher esse dom. São condições que consistem em certas atitudes interiores, em certas disposições do coração. Por outras palavras, o que assegura o progresso na vida de oração e a torna frutuosa não é tanto o método que se adota para orar, mas as *disposições interiores* com que se aborda a vida de oração e se caminha por ela. A nossa principal tarefa é esforçar-nos por adquirir, conservar e aprofundar essas disposições do coração. O resto será obra de Deus.

Passemos em revista as mais importantes delas.

A fé e a confiança, bases da oração

A primeira disposição e a mais fundamental é uma atitude de fé. Como teremos ocasião de repetir, a vida de oração envolve um elemento de luta, e, nessa luta, a arma essencial é a fé.

A fé é a capacidade que o crente tem de agir não por impressões, preconceitos ou ideias colhidas no ambiente, mas pelo que diz a Palavra de Deus, que não pode mentir. Assim entendida, a virtude da fé é a base da oração, e para pô-la em prática é necessário considerar diversos aspectos.

Fé na presença de Deus

Quando nos pomos a fazer oração no nosso quarto, num oratório ou diante do Santíssimo Sacramento, devemos crer com toda a alma que Deus está presente. Independentemente do que possamos sentir ou não sentir, dos nossos méritos, da nossa preparação, da nossa capacidade ou incapacidade de cultivar belos pensamentos, do nosso ânimo – Deus está junto de nós, olha-nos e ama-nos. Está aí, não porque nós o mereçamos ou sintamos, mas porque Ele prometeu que estaria: *Entra no teu quarto, fecha a porta e ora ao teu Pai*, que está aí, *no que se passa em segredo* (Mt 6, 6).

Seja qual for o nosso estado de aridez, a nossa miséria, a impressão de que Deus está ausente ou mesmo nos abandona, não devemos jamais duvidar dessa presença amorosa e acolhedora de Deus junto de quem lhe ora: *Àquele que vem a mim, não o lançarei fora* (Jo 6, 37). Muito antes de nos pormos na sua presença, Deus já está aí, porque é Ele quem nos convida a encontrá-lo; Ele que é nosso Pai e nos espera, e procura entrar em comunhão conosco muito mais do que nós pretendemos fazê-lo. Deus deseja-nos infinitamente mais do que nós o desejamos.

*Fé em que todos somos chamados à vida de oração
e contamos com a graça necessária*

Sejam quais forem as nossas dificuldades, as nossas resistências, as nossas objeções, devemos crer firmemente que todos sem exceção – sábios ou ignorantes, justos ou pecadores, pessoas equilibradas ou profundamente feridas – somos chamados à vida de oração na qual Deus se comunicará conosco. E como Deus chama e é justo, dará a todos as graças necessárias para perseverarem na oração e fazerem dessa vida de oração uma profunda e maravilhosa experiência de comunhão com a sua própria vida íntima.

A vida de oração não está, pois, reservada a uma elite de «espirituais». A impressão tão frequente de que «isso não é para mim; é para pessoas mais santas ou melhores do que eu», é contrária ao Evangelho. Devemos crer também que, apesar das nossas dificuldades e fraquezas, Deus nos dará as forças necessárias para perseverar.

Fé na fecundidade da vida de oração

Se o Senhor nos chama a uma vida de oração, é porque ela é fonte de uma infinidade de bens para nós. Transforma-nos intimamente, santifica-nos, cura-nos, faz-nos conhecer e amar a Deus, torna-nos vibrantes e generosos no amor ao próximo. Quem se inicia na vida de oração deve estar absolutamente seguro de que, se persevera, receberá tudo isso e muito mais. Mesmo que às vezes tenhamos a impressão contrária, de que a vida de oração é estéril, de que marcamos passo, de que fazer oração não muda nada, mesmo que nos pareça que não obtemos os frutos previstos, não devemos desanimar, mas permanecer convencidos de que Deus manterá a sua promessa: *Pedi e dar-se-vos-á, procurai e achareis, batei e abrir-se-vos-á. Porque todo aquele que pede recebe, e quem procura acha, e a quem bate abrir-se-lhe-á* (Lc 11, 9-10). Quem persevera com confiança receberá infinitamente mais do que ousa pedir ou esperar. Não porque o mereça, mas porque Deus o prometeu.

Quando não se veem logo os frutos da oração, é frequente a tentação de abandoná-la. Essa tentação deve ser repelida imediatamente por um ato de fé em que a promessa divina se cumprirá a seu tempo: *Sede pacientes, meus irmãos, até a vinda do Senhor. Vede o lavrador: ele aguarda o precioso fruto da terra e tem paciência até que cheguem as chuvas do outono e as da primavera. Tende também vós paciência e fortalecei os vossos corações, porque a vinda do Senhor está próxima* (Ti 5, 7-8).

Fidelidade e perseverança

Do que acabamos de ver deduz-se uma consequência prática muito importante.

Quem envereda pelo caminho da oração deve propor-se em primeiro lugar a *fidelidade*. O que importa, antes de mais nada, não é que a oração seja bela e perfeitamente conseguida, rica em ideias e sentimentos profundos, mas perseverante e fiel. Por outras palavras, não se deve ter em vista primordialmente a qualidade da oração, mas a fidelidade na oração. A qualidade será fruto da fidelidade. Uma oração pobre, árida, distraída, relativamente breve, mas mantida fielmente todos os dias, é mais valiosa e será infinitamente mais fecunda para o nosso progresso do que longas orações inflamadas feitas de tempos a tempos, quando as circunstâncias são favoráveis.

A primeira batalha que temos de ganhar neste campo da oração – depois da decisão de nos comprometermos seriamente a fazê-la – é, pois, a da fidelidade a todo custo, segundo a frequência que tenhamos estabelecido. E não é uma batalha fácil. O demônio sabe o que está em jogo, sabe que quem é fiel à oração lhe escapa, ou ao menos tem a certeza de que algum dia lhe escapará. Por isso faz de tudo para impedir essa fidelidade.

Voltaremos a isto mais adiante. De momento, retenhamos esta ideia: vale mais uma oração pobre mas regular e fiel, do que uns momentos de oração sublime mas episódicos. É a fidelidade e só ela que permite alcançar toda a maravilhosa fecundidade da vida de oração.

Como teremos ocasião de recordar com frequência, a oração não é, em última análise, senão um exercício de amor de Deus. E para nós, seres humanos que estamos imersos no ritmo do tempo, não existe amor verdadeiro sem fidelidade. Como pretender amar a Deus se não somos fiéis ao encontro da oração?

Pureza de intenção

Depois da fé e da fidelidade – que é a sua expressão concreta –, outra atitude interior fundamental para quem deseja perseverar na oração é a *pureza de intenção*.

Jesus disse-nos: *Bem-aventurados os puros de coração, porque verão a Deus* (Mt 5, 8). Segundo o Evangelho, puro de coração não é aquele que está sem pecado algum, aquele que não tem nada de que acusar-se, mas aquele que, em tudo o que faz, está animado da intenção sincera de esquecer-se de si mesmo para agradar a Deus, de viver para Ele e não para si próprio. Sem essa disposição, não se pode perseverar na oração.

Com efeito, quem se procura a si mesmo, quem procura a sua satisfação pessoal, abandonará a oração logo que esta se tornar difícil, árida, porque já não obterá dela o prazer e os momentos de deleite que esperava. O amor autêntico é puro no sentido de que não procura o seu interesse, mas unicamente fazer a felicidade do ser amado. Por isso, devemos fazer oração não pelas satisfações ou benefícios que nos possa trazer – mesmo que sejam imensos! –, mas principalmente para agradar a Deus, porque Ele no-lo pede. Não para nossa alegria, mas para a alegria de Deus.

Esta pureza de intenção é exigente, mas também libertadora e apaziguante. Quem ama a Deus com absoluta pureza não se inquieta se alguma vez a sua oração não «funciona», se é árida e não lhe dá gosto. Não faz disso um drama, antes consola-se imediatamente, dizendo de si para si que o que conta é que dá gratuitamente o seu tempo a Deus, para proporcionar-lhe uma alegria!

Poderia objetar-se: é maravilhoso amar a Deus com tanta pureza, mas quem é capaz disso? Devemos compreender que, sendo indispensável, a pureza de intenção que acabamos de descrever não pode ser adquirida plenamente já desde o começo da vida espiritual. O que se pede, pois, é apenas que tendamos para ela conscientemente e a ponhamos em prática o melhor possível nos momentos de aridez. É evidente que qualquer pessoa que inicia um caminho espiritual se procura em parte a si mesma, ao mesmo tempo que procura a Deus. Isso não é grave, desde que não se deixe de aspirar a um amor de Deus cada vez mais puro.

É necessário termos isto presente para não cair numa cilada que o demónio, o «acusador», arma para nos intranquilizar e abater: põe em evidência que o nosso amor por Deus é ainda muito imperfeito, que ainda há na nossa vida espiritual muita procura de nós mesmos, etc., e com isso pretende conseguir que desanimemos.

Quando tivermos a impressão de que ainda nos procuramos a nós mesmos na oração, devemos sobretudo não perder a paz, mas manifestar a Deus com simplicidade o nosso desejo de amá-lo com um amor puro e desinteressado, e abandonar-nos com total confiança à sua ação, porque Ele mesmo se encarregará de purificar-nos. Querer fazê-lo pelas nossas próprias forças, querer discernir o puro e o impuro no nosso interior para nos livrarmos da cizânia antes do tempo, seria pura presunção e correríamos o risco de arrancar também o trigo (cf. Mt 13, 20-34). Deixemos agir a graça de Deus: contentemo-nos com perseverar na confiança e suportemos com paciência os momentos de aridez que Deus permite para purificar o nosso amor por Ele.

Duas palavras mais sobre outra tentação que nos pode assaltar alguma vez. Dissemos que a pureza de intenção consiste em procurar a Deus, em comprazê-lo, mais do que em comprazer-nos a nós mesmos. Mas o demônio tentará desanimar-nos com o seguinte argumento: Como pode você pretender que a sua oração seja grata a Deus, se está cheio de misérias e defeitos? É preciso responder a isso com uma verdade que é o núcleo do Evangelho e que o Espírito Santo nos recorda: o homem não agrada a Deus pelas suas virtudes e méritos, mas acima de tudo pela confiança sem limites que tem na sua misericórdia. Voltaremos a isto.

Humildade e pobreza de coração

Citamos atrás a frase de Santa Teresa de Ávila: «Todo este edifício da oração se baseia na humildade». Com efeito, como já dissemos, a oração não se baseia na capacidade humana, mas na ação da graça divina. E a Escritura diz: *Deus resiste aos soberbos e dá a sua graça aos humildes* (1 Pe 5, 5)

A humildade é, pois, outra das atitudes fundamentais do coração sem as quais é impossível perseverar na oração.

Consiste na capacidade de o homem aceitar serenamente a sua pobreza radical, pondo toda a sua confiança em Deus. O humilde aceita gozosamente não ser nada, porque Deus é tudo para ele. Não considera a sua miséria como um drama, mas como uma sorte, porque dá a Deus a possibilidade de manifestar até que ponto é misericordioso.

A oração é inevitavelmente uma experiência de pobreza, de despojamento, de nudez. Nas demais atividades espirituais ou em outras formas de oração, há sempre alguma coisa em que apoiar-se: um certo *savoir-faire*, uma certa habilidade que se põe em prática, o sentimento de que se faz uma coisa útil, etc. Na oração comunitária, é possível apoiar-se nos outros. Mas na solidão e no silêncio diante de Deus, encontramo-nos sós e sem apoio, diante de nós mesmos e da nossa pobreza. Ora, temos uma relutância terrível em reconhecer-nos pobres, e é por isso que o homem tende naturalmente a fugir do silêncio.

Na oração, é impossível fugir a essa experiência de pobreza. É verdade que se fará muitas vezes a experiência da doçura e da ternura de Deus, mas o que se revelará muito mais frequentemente será a nossa miséria: a nossa incapacidade de orar, as nossas distrações, as feridas guardadas na nossa memória e imaginação, a lembrança das nossas faltas e fracassos, as nossas inquietações a respeito do futuro, etc. O homem encontrará, pois, mil pretextos para fugir dessa inação diante de um Deus que lhe desvenda o seu nada radical, porque, em última análise, se recusa a consentir em ser pobre e frágil.

No entanto, é precisamente essa aceitação confiante e alegre da nossa fraqueza que constitui a fonte de todos os bens espirituais: *Felizes aqueles que têm alma de pobres, porque deles é o reino dos céus* (Mt 5, 3).

O humilde persevera na vida de oração sem jactância, sem contar consigo mesmo; não considera nada como devido, não se julga capaz de fazer coisa alguma pelas suas próprias forças, não se admira de ter dificuldades, fragilidades, quedas constantes, mas suporta tudo isso serenamente, sem dramatizar, porque põe em Deus toda a sua esperança e tem a certeza de obter da misericórdia divina tudo o que é incapaz de fazer ou merecer por si próprio.

E como põe toda a sua confiança em Deus e não em si mesmo, jamais desanima, e isso é afinal de contas o que mais importa. «O que perde as almas é o desânimo», diz Libermann. A verdadeira humildade e a confiança andam sempre emparelhadas.

Nunca devemos deixar-nos desmontar, por exemplo, por causa da nossa tibieza e do nosso pouco amor de Deus. Um principiante na vida espiritual pode às vezes, ao ler a vida e os escritos dos santos, desanimar perante as inflamadas expressões de amor de Deus que neles encontra, e das quais se sente muito longe. Diz de si para si que nunca conseguirá amar com esse ardor. É uma tentação muito comum. Perseveremos na boa vontade e na confiança: o próprio Deus porá em nós o amor com que poderemos amá-lo. O amor forte e ardente por Deus não é natural: é infundido nos nossos corações pelo Espírito Santo, que nos será dado se o pedirmos com a insistência da viúva do Evangelho (cf. Lc 18, 1-8). Nem sempre os que sentem no princípio um grande fervor sensível são os que chegam mais alto na vida espiritual. Longe disso!

A determinação de perseverar

De tudo o que dissemos depreende-se que o principal combate que é preciso travar para termos vida de oração é o da perseverança. Perseverança para a qual Deus nos concederá a sua graça se a pedirmos com confiança e estivermos bem decididos a fazer o que depende de nós.

Mas é necessária uma boa dose de determinação, sobretudo no começo. Santa Teresa de Ávila insiste muitíssimo nisto:

> Agora, voltando aos que querem seguir por este caminho e não parar até o fim, que é chegar a beber desta água de vida, repito que os começos são muito importantes. Tudo consiste numa grande e mui determinada determinação de não parar até chegar a ela, custe o que custar, aconteça o que acontecer, trabalhe-se o que se trabalhar, murmure quem murmurar, quer se chegue lá, quer se morra no caminho ou não se tenha coragem para os trabalhos que há nele, mesmo que o mundo se afunde[2].

Vamos expor agora algumas considerações destinadas a fortalecer essa determinação e a pôr a descoberto as ciladas, falsas razões ou tentações que podem abalá-la.

---

(2) Santa Teresa de Ávila, *Caminho de perfeição*, 21, 2.

Sem vida de oração, não há santidade

Em primeiro lugar, é necessário convencer-se da importância vital da oração. «Quem foge da oração foge de tudo o que é bom», diz São João da Cruz. Todos os santos fizeram oração. Os que mais se entregaram ao serviço do próximo foram também os que mais se consagraram à oração. São Vicente de Paulo abria cada uma das suas jornadas diárias de trabalho com duas ou três horas de oração.

Sem ela, é impossível avançar espiritualmente: podemos ter vivido momentos muito intensos de conversão, de fervor; podemos ter recebido graças imensas, que sem a oração a nossa vida cristã não tardará a chocar-se contra o seu teto. Porque, sem a oração, não podemos receber toda a ajuda necessária de Deus para nos transformarmos e nos santificarmos em profundidade. O testemunho dos santos neste sentido é unânime.

Pode-se objetar que Deus nos confere a graça santificante, também e mesmo principalmente, através dos sacramentos. A missa é em si mais importante que a oração. É verdade, mas, sem uma vida de oração, os próprios sacramentos terão uma eficácia limitada. Conferem a graça, sem dúvida, mas fica parcialmente estéril, porque falta a «boa terra» para recebê-la. Pode-se perguntar, por exemplo, por que há tantas pessoas que comungam com tanta frequência e, no entanto, não são mais santas. O motivo costuma ser a falta de vida de oração. A Eucaristia não produz os frutos de cura interior e de santificação que deveria produzir, porque não é recebida num clima de fé, de amor e de adoração, de acolhimento de todo o ser, um clima que só pode ser criado pela fidelidade à oração. E o mesmo acontece com os outros sacramentos.

Se uma pessoa – por muito praticante e piedosa que seja – não faz da oração um hábito, verá que falta sempre alguma coisa ao desenvolvimento da sua vida espiritual. Não conseguirá a verdadeira paz interior, estará sempre submetida a excessivas inquietações, e haverá sempre algo de humano em tudo o que fizer: apego à vontade própria, traços de vaidade e de procura de si mesma, ambição, mesquinhez de coração e de juízos, etc. Não se alcança a purificação profunda e radical do coração sem a prática da oração. Sem ela, fica-se sempre mais ou menos numa sabedoria e numa prudência humanas e não se goza da verdadeira liberdade interior. Não se chega a experimentar no íntimo a misericórdia de Deus e também não se sabe dá-la a conhecer aos outros. Os juízos são mesquinhos e inseguros, e não se é capaz de entrar nos caminhos de Deus, que são bem diferentes do que muitos imaginam, mesmo que se trate de pessoas dadas à vida interior.

Há pessoas que, por meio de uma belíssima conversão, chegam a um encontro luminoso e comovente com Deus, graças à efusão do Espírito Santo. Mas, após alguns meses ou anos de um itinerário fervoroso, acabam por atingir o teto e por perder uma certa vitalidade espiritual. Por quê? Porque Deus lhes retirou a sua mão? Com certeza que não: *Os dons de Deus são irrevogáveis* (Rom 11, 29). Foi simplesmente porque não souberam permanecer abertos à graça, fazendo desembocar essa experiência numa vida de oração.

O problema da falta de tempo

«Bem que eu quereria fazer oração, mas não tenho tempo». Quantas vezes não teremos ouvido esta objeção!

É verdade que, num mundo como o nosso, sobrecarregado de coisas por fazer, a dificuldade é real e não se pode subestimá-la. Mas é preciso compreender que o verdadeiro problema não está aí: está em saber o que é que realmente conta na nossa vida.

Como diz com humor um autor contemporâneo, o pe. Descouvemont, nunca se viu alguém morrer de fome por lhe faltar tempo para comer. Sempre se encontra tempo – ou melhor, se procura! – para fazer o que se considera vital. Antes de dizer que não temos tempo para orar, comecemos por interrogar-nos sobre a nossa hierarquia de valores, sobre o que é verdadeiramente prioritário para nós.

Permito-me outra ponderação. Um dos grandes dramas da nossa época é que já não somos capazes de achar tempo uns para os outros, de estar presentes uns aos outros. E isso causa muitas feridas. Tantas crianças fechadas e decepcionadas, doridas, porque os pais não sabem dedicar-lhes gratuitamente uns momentos de vez em quando, sem fazer outra coisa senão estar com o filho! Ocupam-se dele, mas sempre fazendo outras coisas ou absortos nas suas preocupações, sem estarem verdadeiramente «com ele», sem terem o coração disponível. A criança percebe-o e sofre. Se nós aprendermos a dar o nosso tempo a Deus, seremos capazes de encontrar tempo para os outros. Se estivermos atentos a Deus, aprenderemos a estar atentos aos outros.

A propósito deste problema da falta de tempo, devemos fazer um ato de fé na promessa de Jesus: *Não há ninguém que tenha deixado casa, irmãos ou irmãs, mãe ou pai, filhos ou terras por causa de mim e do Evangelho, que não receba o cêntuplo já nesta vida* (Mc 10, 29). É legítimo aplicar estas palavras também ao tempo: quem renuncia a quinze minutos de televisão para fazer oração receberá cem vezes mais já nesta vida; esse tempo ser-lhe-á devolvido centuplicado, não certamente em quantidade, mas em qualidade. A oração dar-me-á a graça de viver cada instante da minha vida de um modo muito mais fecundo.

O tempo que se dá a Deus não é um tempo roubado aos outros

Para perseverarmos na oração, temos de estar bem convencidos – desmascarando certa tendência a sentir-nos culpados devido a uma falsa ideia da caridade – de que o tempo que damos a Deus nunca é tempo roubado aos outros, àqueles que têm necessidade do nosso amor e da nossa caridade. Muito pelo contrário, o que garante a nossa capacidade de nos fazermos presentes aos outros e de os amarmos verdadeiramente é, como dissemos atrás, a fidelidade em estarmos presentes a Deus. A experiência assim o mostra: é entre as almas de oração que se encontra o amor mais atento, mais delicado, mais desinteressado, mais sensível ao sofrimento dos outros, mais capaz de consolar e reconfortar. A oração far-nos-á melhores, e as pessoas que nos rodeiam certamente não se queixarão disso!

Neste terreno das relações entre a vida de oração e a caridade para com o próximo, têm-se difundido muitas ideias errôneas que têm afastado os cristãos da oração, com consequências dramáticas. Haveria muito a dizer a este propósito. Vejamos apenas um texto de São João da Cruz que nos permitirá repor as ideias no devido lugar e livrar de culpa os cristãos que, como é absolutamente legítimo, desejam consagrar um bom tempo à oração:

> Que os homens devorados pela atividade, que julgam poder abalar o mundo com as suas pregações e outras obras exteriores, reflitam aqui por um instante: compreenderão facilmente que seriam muito mais úteis à Igreja e agradariam muito mais a Deus – sem falar do bom exemplo que dariam à sua volta – se consagrassem a metade desse tempo a estar com Deus em oração, mesmo que não chegassem a uma oração tão alta como a das almas de que tratamos aqui. Não há dúvida de que então fariam

mais e com menos trabalho com uma só obra que com as mil em que gastam a sua vida. A oração merecer-lhes-ia essa graça e dar-lhes-ia as forças espirituais de que necessitam para produzir tais frutos.

Porque, sem ela, tudo se reduz a um grande estardalhaço: é como o martelo que, caindo sobre a bigorna, apenas faz ressoar os ecos à sua volta. Faz-se um pouco mais que nada, às vezes absolutamente nada, ou até [se causa] dano. Que Deus vos livre de que o sal comece a desvanecer-se, pois uma alma como essas, por mais que pareça por fora que faz alguma coisa, em substância não fará nada, porque é perfeitamente certo que nenhuma boa obra pode ser realizada sem a virtude de Deus. Oh, quanto se poderia escrever sobre isto![3]

É suficiente orar trabalhando?

Há pessoas que vos dirão: «Eu não tenho tempo para fazer oração, mas, no meio das minhas atividades, ao cuidar das minhas tarefas, etc., procuro pensar o mais possível no Senhor, ofereço o meu trabalho, e acho que isso basta como oração».

Não estão totalmente enganadas. Um homem ou mulher pode permanecer em íntima união com Deus no meio de todas as suas atividades, de sorte que essa

---

(3) São João da Cruz, *Cântico espiritual*, B, estrofe 29, 3.

seja a sua vida de oração, sem necessidade de outra coisa. O Senhor pode conceder essa graça a qualquer pessoa, sobretudo se vê que ela não tem outra possibilidade. Por outro lado, é muito de desejar, evidentemente, que nos voltemos para Deus com a maior frequência possível no meio das nossas atividades. E é ainda verdade que o trabalho oferecido a Deus e realizado para Ele se converte num modo de oração.

Mas, dito isto, temos de ser realistas: não é tão fácil assim permanecermos unidos a Deus enquanto estamos mergulhados nas nossas ocupações. Pelo contrário, a nossa tendência natural é deixarmo-nos absorver por completo pelo que fazemos. Se não soubermos deter-nos de vez em quando e encontrar uns momentos em que não tenhamos outra coisa a fazer senão ocupar-nos de Deus, ser-nos-á muito difícil manter-nos na sua presença enquanto trabalhamos. Precisamos de uma prévia reeducação do coração, e o meio mais seguro para isso é a fidelidade à oração.

Passa-se aqui o mesmo que com as relações entre pessoas. Pode haver um pouco de ilusão em pensar que se ama muito a esposa e os filhos se, apesar de uma vida muito ativa, não se é capaz de lhes dedicar alguns momentos em que se está cem por cento disponível para eles. Sem esse espaço de tempo gratuito, o amor leva caminho de asfixiar-se a curto prazo. O amor dilata-se e respira na gratuidade. É preciso saber perder tempo com os outros. E a verdade é que temos muito a ganhar com essa perda: é um modo de entender as palavras do Evangelho: *Quem perder a sua vida salvá-la-á* (Lc 9, 24).

Se nos ocuparmos de Deus, Deus ocupar-se-á dos nossos assuntos, e muito melhor que nós. Reconheçamos humildemente a nossa tendência natural a estar demasiado presos às nossas atividades, a apaixonar-nos ou preocupar-nos por elas. E só poderemos curar-nos disso se tivermos a prudência de saber abandoná-las com toda a regularidade, mesmo as mais urgentes ou importantes, para dar gratuitamente esse tempo a Deus.

A cilada da falsa sinceridade

Há um raciocínio que surge com frequência e que nos pode impedir de ser fiéis à oração. Num século sequioso de liberdade e de autenticidade como o nosso, ouve-se dizer: «A oração parece-me algo maravilhoso, mas só rezo quando me sinto impelido a isso. Orar quando não tenho nenhuma vontade seria uma coisa artificial e forçada, seria até uma falta de sinceridade e uma forma de hipocrisia. Farei oração quando tiver vontade...»

Devemos responder a isso que, se esperarmos até ter vontade, talvez tenhamos de esperar até o dia do juízo. A inclinação da vontade é algo muito bonito, mas mutável. Há um motivo igualmente legítimo, mas mais profundo e constante, para nos impelir a encontrar a Deus na oração: muito simplesmente o fato de que Deus nos convida a fazê-la. O Evangelho pede-nos: *Orai sem desfalecer* (Lc 18, 1). Também aqui é a fé que nos deve guiar, não o estado de alma subjetivo.

As noções de liberdade e autenticidade que se exprimem no raciocínio acima descrito são bem do gosto da nossa época, mas extremamente ilusórias. A verdadeira liberdade não consiste em deixar-se governar pelos impulsos do momento, mas precisamente no contrário: homem livre não é aquele que vive prisioneiro das flutuações do seu humor, mas aquele cujas decisões procedem das opções fundamentais que fez e que não põe em causa ao sabor das circunstâncias.

A liberdade é a capacidade de nos deixarmos guiar pelo que é verdadeiro e não pela parte epidérmica do nosso ser. Devemos ter a humildade de reconhecer que somos superficiais e mutáveis. Uma pessoa que ontem nos parecia encantadora, amanhã pode parecer-nos insuportável, simplesmente porque mudaram as condições atmosféricas ou o nosso humor... Uma coisa que hoje desejamos loucamente, amanhã deixa-nos frios... Se as nossas decisões se situam nesse nível, vivemos dramaticamente prisioneiros de nós mesmos, da nossa sensibilidade, no que esta tem de mais superficial.

Não alimentemos também ilusões acerca do que é a verdadeira autenticidade. Qual é o amor mais autêntico? Aquele cujas manifestações variam segundo os dias, segundo o humor, ou o amor estável e fiel que jamais se desdiz?

A fidelidade à oração é, pois, uma escola de liberdade. É uma escola de verdade no amor, porque nos ensina pouco a pouco a situar a nossa relação com Deus num terreno que já não é o das nossas impressões, oscilante e instável, o dos altos e baixos do nosso humor ou do nosso fervor sensível, mas o da pedra sólida da fé, o do alicerce da fidelidade a Deus, inamovível como a rocha: *Jesus Cristo é o mesmo ontem, hoje e por toda a eternidade* (Hebr 13, 8), porque *a sua misericórdia se estende de geração em geração* (Lc 1, 50). Se perseverarmos nesta escola, veremos também como as nossas relações com o próximo, tão superficiais e mutáveis, se tornam mais estáveis, mais profundas, mais fiéis e, portanto, mais felizes.

Para encerrarmos esta questão, façamos uma última observação. A aspiração que todos os homens têm de agir em todas as coisas de modo espontâneo, livre, sem pressões, é uma aspiração perfeitamente legítima: o homem não foi feito para estar em conflito permanente consigo mesmo, para violentar a sua natureza! Se por vezes tem de fazê-lo, será como uma consequência da divisão interior produzida pelo pecado.

Mas essa aspiração não pode realizar-se dando livre curso à espontaneidade. Isso seria destrutivo, pois a espontaneidade nem sempre está orientada para o bem: tem necessidade de ser purificada e curada. A nossa natureza está ferida, o que significa que há em nós uma falta de harmonia, um frequente desequilíbrio entre aquilo a que tendemos espontaneamente e aquilo para que estamos feitos, entre os nossos sentimentos e essa vontade de Deus à qual devemos ser fiéis e que é o nosso verdadeiro bem.

A aspiração à liberdade só pode, pois, achar a sua verdadeira realização na medida em que o homem se deixa curar pela graça divina. E, nesse processo de cura, a oração desempenha um papel muito importante. É um processo – importa sabê-lo – que se opera também por meio de provas e purificações, dessas «noites» cujo sentido profundo São João da Cruz explicitou com tanto acerto.

Uma vez concluído esse processo, isto é, uma vez que as nossas tendências se tenham ordenado, o homem torna-se perfeitamente livre: ama e deseja natural e espontaneamente o que está de acordo com a vontade de Deus e com o seu próprio bem. Pode seguir sem problemas as suas tendências espontâneas, porque estas foram retificadas e harmonizadas com a sabedoria divina. Pode «seguir a sua natureza», porque esta foi restaurada pela graça.

Essa harmonia não é, evidentemente, total nesta vida, e só o será no Reino, o que significa que aqui em baixo teremos sempre de resistir a algumas das nossas tendências. Mas aquele que faz oração torna-se, já nesta vida, cada vez mais capaz de amar e praticar espontaneamente o bem, coisa que no começo lhe exigia um grande esforço. Graças à ação do Espírito Santo, a virtude passa a ser-lhe cada vez mais natural e fácil: *Onde está o Espírito do Senhor, aí está a liberdade*, diz São Paulo (2 Cor 3, 17).

A cilada da falsa humildade

O falso raciocínio que acabamos de considerar assume por vezes uma forma mais sutil, contra a qual nos convém estar de sobreaviso. Santa Teresa de Ávila esteve a ponto de «cair na cilada» e abandonar a oração (o que teria causado um prejuízo irreparável a toda a Igreja!). Um dos motivos pelos quais escreveu a sua autobiografia – o *Livro da Vida* – foi o de prevenir-nos contra essa cilada.

Trata-se de uma tecla que o demônio faz soar muito habilmente. A tentação é a seguinte: a alma que começa a fazer oração apercebe-se das suas faltas, das suas infidelidades, da insuficiência das suas conversões. Sente-se então tentada a abandonar a oração, raciocinando assim: «Estou cheio de defeitos, não progrido, sou incapaz de me converter e de amar seriamente o Senhor. Apresentar-me diante dEle neste estado é uma hipocrisia: brinco de santo quando não valho mais que os outros que não oram. Diante de Deus, seria mais honesto abandonar tudo!»

Santa Teresa deixou-se convencer por esse raciocínio. Como conta no capítulo 19 da sua autobiografia, depois de uns anos de prática assídua, abandonou a oração, até que um dia – para nossa felicidade – encontrou um padre dominicano que a reconduziu ao bom caminho. Nessa época, vivia ela no convento da Encarnação de Ávila e tinha em certa medida bons desejos de se entregar ao Senhor e de se dedicar à oração. Mas não era ainda santa, longe disso! Particularmente, não conseguia cortar com o hábito de perder um bom tempo no locutório do convento, apesar de já ter começado a sentir que Deus lhe pedia que não o fizesse. Dotada de um temperamento jovial, simpático e atraente, deliciava-se em conviver com a boa sociedade de Ávila que frequentava habitualmente os locutórios do convento. Não fazia nada de grave, mas Jesus chamava-a para outra coisa. O tempo de oração era então para ela um verdadeiro martírio: encontrava-se na presença de Deus, consciente de lhe ser infiel, mas não tinha forças para deixar tudo por Ele. E, como dissemos, esse tormento esteve a ponto de fazê-la abandonar a oração: «Sou indigna de apresentar-me diante do Senhor, quando não sou capaz de lhe dar tudo; é mofar dEle. Seria melhor deixar de fazer oração...»

Teresa chamará a isso a tentação da «falsa humildade». E já tinha abandonado a oração, quando um confessor lhe fez ver que, desse modo, perdia qualquer possibilidade de algum dia chegar a melhorar. Era necessário, pelo contrário, que perseverasse, porque seria precisamente por essa perseverança que obteria no devido momento a graça de uma conversão completa e de uma total entrega de si mesma ao Senhor.

Isto é muito importante. Quando damos os primeiros passos na vida de oração, não somos santos, e, à medida que a praticamos, mais o percebemos. Quem não se põe diante de Deus não se dá muita conta das suas infidelidades e defeitos; mas, para quem faz oração, tornam-se muito mais evidentes, e isso pode provocar um grande sofrimento e a tentação de desistir.

É preciso então não desanimar, mas perseverar, na certeza de que a perseverança obterá a graça da conversão. O nosso pecado, seja qual for a sua gravidade, *jamais* deve ser um pretexto para abandonarmos a oração, ao contrário do que nos podem sugerir a nossa consciência ou o demônio. Quanto mais miseráveis nos vemos, maior motivo temos para fazer oração. Quem nos curará das nossas infidelidades e dos nossos pecados senão o Senhor misericordioso? Onde encontraremos a saúde da nossa alma, se não é na oração humilde e perseverante? *Não são os que gozam de boa saúde que precisam de médico, mas os doentes. Eu não vim chamar os justos, mas os pecadores* (Mt 9, 13).

Insistimos: quanto mais doentes nos sentirmos dessa doença da alma que é o pecado, mais deveremos sentir-nos incentivados a fazer oração. Quanto mais feridos nos virmos, mais direito teremos a refugiar-nos junto do coração de Cristo. Só Ele nos pode curar. Se nos afastarmos dEle por sermos pecadores, onde iremos achar a cura e o perdão? Se esperarmos até ser justos para fazer oração, poderemos esperar muito tempo. Essa atitude apenas provaria que não compreendemos nada do Evangelho: pode ter a aparência de humildade, mas na verdade não passa de presunção e de falta de confiança em Deus.

Pode acontecer que, quando cometemos alguma falta, quando estamos envergonhados e descontentes de nós mesmos, não abandonemos por completo a oração, mas deixemos passar um pouco de tempo antes de retomá-la e de voltar à presença do Senhor – o tempo que demore a atenuar-se na nossa consciência o eco da falta cometida. É um erro muito grave, e pecamos muito mais por isso do que pela primeira falta. Com efeito, semelhante atitude significa uma falta de confiança na misericórdia de Deus, um desconhecimento do seu amor, e isso fere-o mais gravemente do que todas as loucuras que possamos cometer. Santa Teresa de Lisieux, que tinha compreendido quem é Deus, dizia: «O que dói a Deus, o que lhe fere o coração, é a falta de confiança».

Ao contrário do que habitualmente fazemos, a única atitude justa quando pecamos – justa no sentido bíblico, isto é, em conformidade com o que nos foi revelado acerca do mistério de Deus – é lançarmo-nos imediatamente, com arrependimento e humildade, mas também com infinita confiança, nos braços da misericórdia divina, na certeza de sermos acolhidos e perdoados. E, depois de termos pedido sinceramente perdão a Deus, deveremos retomar sem demora as práticas habituais de piedade, especialmente a oração. No momento oportuno, iremos confessar-nos, se for necessário, mas sem mudarmos nesse meio tempo os nossos hábitos de oração. Esta conduta é a mais eficaz para sairmos do pecado, pois é a que mais honra a misericórdia divina.

Santa Teresa de Ávila acrescenta a este respeito uma observação muito bonita. Diz que quem faz oração continua certamente a cair, a ter fraquezas e quedas; mas, como faz oração, cada uma dessas quedas o ajuda a elevar-se mais. Deus faz concorrer tudo – mesmo as faltas – para o bem e o progresso de quem é fiel à oração.

Digo, pois, que nenhum dos que começaram a ter oração desfaleça, dizendo: «Se hei de tornar a ser mau, é pior continuar a praticá-la». Creio que assim será se abandonarmos a oração sem corrigir o mal; mas, se não a abandonarmos, penso que ela nos conduzirá ao porto de luz. O demônio abriu muito fogo contra mim neste ponto, e eu passei muito tempo achando que, sendo tão ruim, era pouca humildade fazer oração, e, como disse, deixei-a durante um ano e meio, um ano ao menos, que do meio não me lembro bem. E isso mais não era, nem foi, que meter-me eu mesma no inferno, sem necessidade de demônios que me empurrassem para lá. Oh!, valha-me Deus, que cegueira tão grande! E quão bem acerta o demônio, para alcançar o seu propósito, em carregar aqui a mão! Sabe o traidor que alma que tenha oração está perdida para ele, e que todas as quedas em que a fizer cair a ajudarão, por bondade de Deus, a dar depois um salto muito maior nas coisas que são do seu serviço. E isso muito o incomoda[4].

---

(4) Santa Teresa de Ávila, *Livro da Vida*, 19, 4.

Dar-se inteiramente a Deus

Para continuarmos a tratar das atitudes fundamentais que permitem a perseverança e o progresso na vida de oração, é o momento de dizer algumas palavras sobre a relação muito estreita que existe entre a oração e o resto da vida cristã. Isto significa que, com muita frequência, o que é decisivo para o progresso e o aprofundamento da nossa oração não é o que fazemos durante esse tempo, mas o que fazemos fora dele. O progresso na oração é essencialmente um progresso no amor, na pureza do coração; e o amor verdadeiro manifesta-se mais fora da oração do que nos momentos em que a fazemos. Vejamos alguns exemplos.

Seria perfeitamente ilusório pretender progredir na oração se toda a nossa vida não fosse marcada por um desejo profundo e sincero de nos darmos totalmente a Deus, de amoldar o mais totalmente possível a nossa vida à vontade divina. Sem isso, a vida de oração atinge o seu teto muito depressa: o único meio de que Deus se dê a nós – e essa é a finalidade da oração – é que nos demos totalmente a Ele. Não possuiremos tudo se não dermos tudo. A nossa vida de oração esterilizar-se-á se mantivermos na nossa vida uma «área reservada», algo que não queremos abandonar a Deus, por exemplo, um defeito – mesmo pequeno – que consentimos deliberadamente sem nada fazer para corrigi-lo, ou uma desobediência consciente, ou uma recusa a perdoar.

Um dia, umas freiras perguntaram a São João da Cruz, com uma ponta de malícia: «O que é preciso fazer para entrar em êxtase?» E o santo respondeu, baseando-se no sentido etimológico da palavra «êxtase»: «Renunciar à vontade própria e fazer a de Deus. Pois o êxtase não é outra coisa senão a alma sair de si e ficar suspensa em Deus. E isso é o que faz quem obedece, pois sai de si mesmo e da sua vontade, e, assim desembaraçado, une-se a Deus»[5].

Para nos darmos a Deus, é preciso que saiamos de nós mesmos. O amor é de natureza extática: quando é forte, vive-se mais no outro do que em si próprio. Mas como vivenciarmos de alguma forma essa dimensão extática do amor na oração, se durante o resto do dia nos procuramos a nós mesmos? Se estamos demasiado agarrados às coisas materiais, ao conforto, à saúde? Se não suportamos nenhuma contrariedade? Como poderemos viver em Deus, se não somos capazes de esquecer-nos de nós mesmos em proveito dos nossos irmãos?

Na vida espiritual, é necessário encontrar um ponto de equilíbrio, o que nem sempre é fácil. Por um lado, devemos aceitar a nossa miséria, não esperar até sermos santos para começar a fazer oração. Mas, por outro lado, devemos aspirar à perfeição. Sem essa aspiração, esse desejo forte e constante de santidade – embora saibamos muito bem que não chegaremos lá pelas nossas

---

(5) São João da Cruz, *Máxima* 210.

próprias forças, e que só Deus nos poderá levar à santidade! –, a oração nunca passará de algo muito superficial, de um piedoso exercício, que produzirá um ou outro fruto, mas afinal de contas nada mais. É da própria natureza do amor tender para o absoluto, ou seja, para uma certa *loucura* no dom de si mesmo.

Também é preciso ter consciência de que há todo um estilo de vida que pode favorecer muito ou, ao contrário, prejudicar a oração. Como poderemos recolher-nos na presença de Deus, se no resto do tempo estamos dispersos entre mil cuidados e preocupações superficiais?, se nos deixamos envolver sem nenhuma reserva em conversas inúteis ou nos perdemos em curiosidades vãs?, se não existe um certo jejum do coração, do olhar, do espírito, que ponha um freio a tudo o que nos poderia dispersar e afastar excessivamente do Essencial?

É claro que não se pode viver sem algumas distrações, sem momentos de descontração, mas é importante saber sempre voltar para Deus, que é quem dá unidade à nossa vida, e viver todas as coisas sob o seu olhar e em relação com Ele.

Devemos saber também que contribui muito para o desabrochar da vida de oração o esforço por enfrentar todas as circunstâncias num clima de abandono total e de tranquila confiança em Deus, por viver no momento presente sem atormentar-se com as preocupações do dia de amanhã, por cuidar de fazer cada coisa com serenidade, sem afligir-se com a seguinte, etc. Nada disto é fácil, mas é muito benéfico procurar consegui-lo o mais possível[6].

É muito importante também aprendermos aos poucos a viver todas as coisas sob o olhar de Deus, na sua presença e numa espécie de diálogo contínuo com Ele, lembrando-nos dEle com a maior frequência possível no meio das nossas ocupações e vivendo tudo em sua companhia. Quanto mais nos esforçarmos por consegui-lo, mais fácil nos será fazer oração: encontraremos mais facilmente a Deus no momento da oração se não o tivermos deixado antes!

A prática da oração deve, pois, tender para a oração contínua, não necessariamente no sentido de uma oração explícita, mas no de uma prática constante da presença de Deus. Viver assim sob o olhar de Deus tornar-nos-á livres. Vivemos com demasiada frequência sob o olhar dos outros (pelo receio de sermos julgados ou pela ânsia de sermos admirados) ou sob o nosso próprio olhar (olhar de complacência ou de autoacusação). Mas só encontraremos a liberdade interior quando tivermos aprendido a viver sob o olhar amoroso e misericordioso de Deus.

Para tanto, remetemo-nos aos valiosos conselhos do Irmão Lourenço da Ressurreição, um frade carmelita do século XVII, cozinheiro no seu convento, que soube viver uma profunda união com Deus no meio das ocu-

---

(6) Sobre este tema, recomendamos o nosso livro *A paz interior*, Quadrante, São Paulo, 2016.

pações mais absorventes. Ofereceremos no fim deste livro um extrato das suas cartas.

Restariam muitas coisas a dizer sobre este tema do nexo entre a oração e todos os outros elementos que compõem o itinerário espiritual, e que, evidentemente, não se podem dissociar. Alguns pontos serão abordados mais adiante, mas por ora remetemos para a melhor fonte, isto é, para a experiência dos santos, principalmente a daqueles em quem a Igreja reconheceu uma graça particular para nos instruírem neste campo: Teresa de Ávila, João da Cruz, Francisco de Sales, Teresa do Menino Jesus, para citar somente alguns nomes.

* * *

Tudo o que dissemos até agora ainda não responde a esta questão: Como devemos fazer oração? Como devemos concretamente ocupar o tempo dedicado a essa prática? Não demoraremos a fazê-lo.

No entanto, era indispensável passar pelos pontos preliminares que acabamos de tocar, pois as observações expostas, além de ajudarem a vencer os obstáculos, descrevem um certo clima espiritual que é essencial apreender, já que condiciona a verdade da nossa oração e o seu progresso.

Além disso, se tivermos compreendido esses aspectos que esboçamos, caem por si só muitos falsos problemas relativos à pergunta: «Como fazer para orar bem?»

As atitudes descritas não se fundamentam numa sabedoria humana, mas no Evangelho. São atitudes de fé, de abandono confiante nas mãos de Deus, de humildade, de pobreza de coração e de infância espiritual. Como o leitor sem dúvida notou, essas atitudes devem ser a base, não somente da nossa vida de oração, mas de toda a nossa existência. Também aqui se revela o laço muito estreito que existe entre a oração e a vida no seu conjunto: a oração é uma escola, um exercício em que compreendemos, praticamos e aprofundamos certas atitudes para com Deus, para conosco próprios e com o mundo, as quais se tornam aos poucos o fundamento de todas as nossas maneiras de ser e reagir. Pela oração, forma-se um determinado «vinco» no nosso modo de ser, que depois conservamos em tudo o que temos de viver e que nos permite aos poucos ter acesso em qualquer circunstância à paz, à liberdade interior, ao amor verdadeiro a Deus e ao próximo. A oração é uma escola de amor, pois todas as virtudes que nela se praticam são as que permitem o desabrochar do amor no nosso coração. Daí a sua importância vital.

Como empregar o tempo da oração

Introdução

Abordemos agora a principal questão a que devemos tentar responder. Já resolvi dedicar todos os dias meia hora ou uma hora à oração. Mas agora que devo fazer? Qual é o modo de empregar bem esse tempo de oração?

Não é fácil responder, por várias razões.

Em primeiro lugar, porque as almas são muito diferentes. Há mais diferenças entre as almas do que entre os rostos. A relação de cada alma com Deus é única e, por isso, também o é a sua oração. Não é possível traçar um caminho, um modo de orar que seja válido para todos; isso seria uma falta de respeito pela liberdade e pela diversidade dos caminhos espirituais. Cabe a cada pessoa descobrir, sob a moção do Espírito e em liberdade, as vias pelas quais Deus quer conduzi-la.

Em segundo lugar, deve-se ter presente que a vida de oração está sujeita a evoluções, a etapas. O que vale para um certo momento da vida espiritual pode não valer para outro. A conduta a manter na oração pode ser muito diferente conforme estejamos no princípio do caminho, ou o Senhor já tenha começado a introduzir-nos em certos estados particulares, em certas «moradas», como diria Teresa de Ávila. Umas vezes, será preciso agir; outras, contentar-se com receber. Umas vezes, será preciso descansar; outras, combater.

Por último, é difícil descrever o que se vive na oração porque é frequente que esta se situe para além da consciência clara daquele que ora. Trata-se de realidades íntimas, misteriosas, que a linguagem humana não pode captar inteiramente. Nem sempre se têm as palavras adequadas para exprimir o que se passa entre a alma e o seu Deus.

Acrescentemos ainda que toda pessoa que fala da vida de oração fala através do que experimentou ou do que observou em outras pessoas que se confiaram a ela. Tudo o que possa dizer fica muito limitado por força da diversidade e da riqueza das experiências possíveis.

Apesar destes obstáculos, vamos abordar o tema na singela esperança de que o Senhor nos dê a graça de oferecer algumas indicações, que, embora de maneira nenhuma devam ser consideradas como respostas infalíveis e completas, poderão, no entanto, ser fonte de luz e de encorajamento para o leitor de boa vontade.

Quando a questão não se põe

Estamo-nos perguntando como devemos ocupar o tempo da oração. Mas antes de passarmos a responder, temos de observar que há casos em que essa questão não se põe. Talvez seja isto que convenha considerar em primeiro lugar.

A questão não se põe quando, por assim dizer, a oração flui da fonte, isto é, quando existe uma comunicação amorosa com Deus que dispensa de saber como ocupar o tempo. Isso é o que deveria acontecer sempre, já que a oração, segundo a definição de Santa Teresa de Ávila, é «um trato de amizade em que, frequentemente, conversamos com Aquele que sabemos que nos ama»[7]. Quando duas pessoas se amam profundamente, geralmente não têm muitos problemas para saber como hão de passar os momentos em que se encontram... Aliás, às vezes, basta estarem juntas para se sentirem a gosto, sem necessidade de mais nada! Infelizmente, muitas vezes o nosso amor por Deus é bem fraco e não chegamos a esse ponto.

Voltando à oração «que flui sozinha», essa comunicação com Deus, que é uma dádiva e apenas deve ser acolhida, pode situar-se em diferentes graus do itinerário espiritual e ser de naturezas muito diversas.

Há o caso de uma pessoa recém-convertida que, entusiasmada com a sua recente descoberta de Deus, está

---

(7) Santa Teresa de Ávila, *Livro da Vida*, 8, 5.

cheia da alegria e do fervor do neófito. Não existem problemas para a sua oração: essa pessoa é arrastada pela graça, sente-se feliz em dedicar tempo ao Senhor, tem inúmeras coisas a dizer-lhe e pedir-lhe, transborda de sentimentos de amor e de pensamentos reconfortantes.

Que ela saboreie então sem escrúpulos esses momentos de graça, que os agradeça ao Senhor, mas permaneça humilde e cuide de não se julgar santa por estar cheia de fervor, nem de considerar o próximo menos zeloso que ela! A graça dos primeiros tempos da conversão não apagou os seus defeitos e imperfeições, mas apenas os mascarou. E essa pessoa não se deverá admirar se um belo dia o seu fervor desaparece, se ressurgem com uma violência inesperada imperfeições das quais se julgava livre graças à sua conversão. Que persevere então e saiba tirar proveito do deserto e da prova, assim como soube aproveitar o tempo da bênção.

Outro caso em que a questão não se põe é a que se situa, se assim se pode dizer, no extremo contrário. É o caso em que a ação de Deus é tal que a pessoa em oração não pode resistir nem fazer nada por si: as suas potências estão de mãos atadas e tudo o que ela pode fazer é entregar-se e consentir na presença de Deus que a invade por completo; não tem nada a fazer senão dizer «sim». No entanto, será preciso que se confie a um conselheiro espiritual, para que este lhe confirme a autenticidade das graças que recebe, uma vez que nesse momento já não está num caminho comum e é bom que se abra com alguém. Quando se interrompem, as graças extraordinárias na oração podem provocar com frequência lutas interiores, dúvidas e incertezas. Por vezes, só abrindo a alma é que se consegue estar seguro quanto à origem divina dessas graças e acolhê-las plenamente.

Tratemos agora de um caso intermédio, mas muito frequente. É bom que falemos dele, porque a situação que vamos descrever às vezes se manifesta no seu início de modo imperceptível, e podem surgir dúvidas ou escrúpulos quanto à conduta a adotar: a pessoa não sabe se faz bem ou mal, mas, de qualquer modo, não tem escolha. Expliquemo-nos. Trata-se da situação em que o Espírito Santo começa a introduzir alguém numa oração mais passiva, depois de um tempo de oração mais «ativa», isto é, que consistia principalmente numa certa atividade própria, feita de reflexões, meditações, diálogo interior com Cristo, atos da vontade tais como oferecer-se a Ele, etc.

E eis que um belo dia, inicialmente de modo imperceptível, a maneira de orar se transforma. A pessoa experimenta dificuldade em meditar, em discorrer, entra numa certa aridez e sente-se mais inclinada a permanecer diante do Senhor sem fazer nem dizer nada, sem pensar em nada de especial, mas numa serena atitude de atenção global e de amor a Deus. Essa atenção amorosa, que procede mais do coração que da inteligência, é quase imperceptível. Pode tornar-se mais forte depois – uma espécie de incêndio de amor –, mas em geral no início quase não se sente. E se a alma procura fazer outra coisa, retomar uma oração mais «ativa», não o consegue e tende quase sempre a voltar ao estado que descrevemos. Mas às vezes sentirá escrúpulos, pois terá a impressão de não fazer nada, ao passo que antes fazia alguma coisa.

Pois bem, quando alguém se encontra nesse estado, é preciso muito simplesmente que permaneça nele, sem se inquietar nem se agitar ou mover-se. Deus quer introduzi-lo numa oração mais profunda, o que é uma grande graça. Essa pessoa deve deixar-se levar e seguir a tendência a permanecer passiva. Para que esteja em oração, basta que exista no fundo do seu coração essa orientação serena para Deus. Não é o momento de agir por iniciativa própria, por meio das suas faculdades e capacidades; é o momento de deixar agir a Deus.

Observe-se, no entanto, que esse estado não é o do pleno domínio de Deus do qual falamos anteriormente. A inteligência e a imaginação continuam a exercer uma certa atividade: há pensamentos e imagens que circulam, que vão e vêm, mas num nível superficial, sem que a pessoa lhes preste verdadeira atenção, pois são antes involuntários. O importante não é esse movimento – inevitável – do espírito, mas a orientação profunda do coração para Deus.

Estas são, pois, algumas das situações em que não devemos perguntar-nos pelo modo de ocupar o tempo da oração, porque a resposta já está dada.

Resta, porém, um caso em que a questão subsiste. É

geralmente o da pessoa que está cheia de boa vontade, mas não está (ainda) inflamada de amor de Deus, que não recebeu ainda a graça de uma oração passiva, mas compreendeu a importância da oração e deseja dedicar-se a ela regularmente, sem no entanto saber muito bem como fazer. Que aconselhar a essa pessoa?

Não daremos uma resposta direta a essa pergunta, dizendo: durante o tempo de oração, faça isto ou aquilo, reze deste ou daquele modo. Parece-nos mais acertado começar por falar dos princípios básicos que devem guiar uma alma no que se refere à sua atividade durante a oração.

No capítulo anterior, descrevemos as atitudes fundamentais que devem orientar a alma que inicia a oração. São atitudes que, na verdade, têm de estar presentes em qualquer forma de oração e mesmo em toda a existência cristã no seu conjunto, como já dissemos. Tornamos a repetir: o que conta acima de tudo não é o «como» nem são as receitas, mas por assim dizer o clima, o estado de espírito com que se aborda a vida de oração: o que condiciona a perseverança na oração, bem como a sua fecundidade, é que esse clima seja adequado.

Iremos agora fazer um pouco o mesmo, quer dizer, dar algumas orientações que, tomadas em conjunto, definem não exatamente um clima, mas antes uma espécie de paisagem interior, com os seus pontos de referência, os seus caminhos; uma paisagem interior que todo aquele que deseje fazer oração poderá percorrer livremente de acordo com a etapa em que esteja no seu itinerário e segundo o impulso do Espírito Santo. O conhecimento ao menos parcial destes pontos de referência permitirá ao fiel orientar-se e compreender por si próprio o que deve fazer na oração.

Essa «paisagem interior» da vida de oração do cristão está como que definida e modelada por um certo número de verdades teológicas que passaremos agora a enunciar e explicar.

Primado da ação divina

O primeiro princípio é simples, mas muito importante: *O que importa na oração não é tanto o que fazemos, mas o que Deus faz em nós durante esse tempo.*

É um alívio saber disso porque, às vezes, somos incapazes de fazer seja o que for na oração. Isso não tem nada de dramático, pois, se não podemos fazer nada, Deus pode sempre fazer e sempre faz alguma coisa na profundidade de nosso ser, mesmo que não o percebamos. Afinal de contas, o ato essencial da oração é colocar-se e manter-se na presença de Deus. Ora, Deus não é o Deus dos mortos, mas o Deus dos vivos. Esta presença, por ser a presença do Deus vivo, atua, vivifica, cura e santifica. Não podemos pôr-nos diante do fogo sem nos aquecermos, nem podemos expor-nos ao sol sem nos bronzearmos. Desde que permaneçamos lá e conservemos uma certa imobilidade e uma certa orientação...

Se a nossa oração consistir simplesmente nisto: em ficarmos diante de Deus sem fazer nada, sem pensar em nada de especial, sem nenhum sentimento em particular, mas numa atitude profunda de disponibilidade e de abandono confiante no coração, então não teremos nada de melhor a fazer. Assim deixaremos Deus agir no íntimo do nosso ser, e isso é o que importa em última instância.

Seria um erro medir o valor da nossa oração pelo que fizemos durante esse tempo, ter a impressão de que ela foi boa e útil por termos pensado e dito muitas coisas, e sentir-nos desolados se não fomos capazes de nada. Pode muito bem acontecer que a nossa oração tenha sido desastrosa e que durante esse tempo, secreta e invisivelmente, Deus tenha realizado prodígios no fundo da nossa alma, cujos frutos só veremos muito mais tarde... Isso porque todos os imensos bens que nascem da oração não têm como causa os nossos pensamentos ou a nossa ação, mas a operação – frequentemente secreta e invisível – de Deus no nosso coração. Só no Reino veremos muitos dos frutos da nossa oração!

Santa Teresinha era muito consciente disso. Tinha um problema na sua vida de oração: caía no sono! Não era culpa sua: havia entrado no Carmelo ainda muito jovem e não dormia o bastante para a sua idade... Essa fraqueza não a entristecia muito:

> Penso que as crianças pequenas agradam aos seus pais tanto quando dormem como quando estão

acordadas. Penso ainda que, para operar, os médicos adormecem os seus doentes. Enfim, penso que «o Senhor vê a nossa fragilidade e se lembra de que não passamos de pó» (Sal 103, 14)[8].

Na oração, o componente mais importante é o passivo. Não se trata tanto de fazermos alguma coisa, mas de nos entregarmos à ação de Deus. Muitas vezes, devemos preparar ou secundar essa ação de Deus com o esforço pessoal, mas muitas outras só precisamos consentir nela passivamente, e é então que acontecem as coisas mais importantes. Às vezes, chega até a ser necessário impedir a nossa própria ação para que Deus possa agir livremente em nós. É isso que explica – como demonstrou muito bem São João da Cruz – certas situações de aridez, certa incapacidade de fazer funcionar a inteligência ou a imaginação durante a oração, a impossibilidade de sentir seja o que for ou de meditar: Deus coloca-nos nesse estado de aridez – de «noite» – para ser o único a agir profundamente em nós, como o médico que anestesia o doente para poder trabalhar tranquilamente!

Voltaremos a este tema. Por ora, retenhamos isto: se, apesar da nossa boa vontade, somos incapazes de rezar bem, de ter bons sentimentos ou bonitos pensamentos, acima de tudo não nos entristeçamos. Ofereçamos a nossa pobreza à ação de Deus e assim faremos uma ora-

---

[8] Santa Teresa do Menino Jesus, *Manuscrito autobiográfico A*, cap. VIII; fóls. 75v-76r.

ção muito mais valiosa do que aquela que nos deixaria satisfeitos de nós mesmos! São Francisco de Sales orava assim: «Senhor, não sou mais do que lenha: prende-lhe fogo!»

Primado do amor

Passemos agora a um segundo princípio também absolutamente fundamental: *o primado do amor acima de tudo o mais*. Santa Teresa de Ávila diz: «Na oração, o que conta não é pensar muito, mas amar muito».

Também isso é extremamente libertador. Às vezes, não se pode pensar, não se pode meditar, não se pode sentir, mas sempre se pode amar. Quem esteja prestes a cair de fadiga, oprimido pelas distrações, incapaz de fazer oração, sempre pode, em vez de se inquietar e desanimar, oferecer com serena confiança a sua pobreza ao Senhor; assim ama e faz uma magnífica oração! O amor é «rei», sejam quais forem as circunstâncias, e sempre se sai bem. «O amor tira proveito de tudo, tanto do bem como do mal», gostava de dizer Santa Teresinha, citando São João da Cruz. O amor tira proveito tanto dos sentimentos como da aridez, da virtude como do pecado, etc.

Este princípio liga-se ao anterior, que acabamos de formular: o primado da ação de Deus sobre a nossa. A nossa principal tarefa na oração é amar. Mas, na relação com Deus, amar é, em primeiro lugar, *deixar-se amar*. E isso não é tão fácil como parece! É preciso acreditar no amor, apesar de nos inclinarmos com tanta facilidade a duvidar dele. E é preciso aceitar também a nossa pobreza.

Frequentemente, é mais fácil amar do que deixar-se amar: quando fazemos alguma coisa, quando damos, isso gratifica-nos: consideramo-nos úteis! Deixar-se amar supõe que se aceite não fazer nada, não ser nada. Este é o nosso primeiro trabalho na oração: não pensar, não oferecer nem fazer nada por Deus, mas antes deixarmo-nos amar por Ele como crianças – deixar para Deus a alegria de nos amar. É algo difícil, porque exige que creiamos com a firmeza do ferro no amor de Deus por nós. Exige também que aceitemos a nossa pobreza. Tocamos aqui um ponto absolutamente fundamental: não existe verdadeiro amor por Deus que não se alicerce no reconhecimento da absoluta prioridade do seu amor por nós, que não tenha compreendido que, antes de fazermos seja o que for, temos de receber. *Nisto consiste o amor: não em termos sido nós que amamos a Deus, mas em que Ele nos amou primeiro* (1 Jo 4, 10).

Para com Deus, o primeiro ato de amor, aquele que deve estar na base de qualquer ato de amor, é este: crer que somos amados, deixarmo-nos amar, no meio da nossa pobreza, tal como somos, independentemente dos nossos méritos e das nossas virtudes. Se isto estiver sempre na base da nossa relação com Deus, então esta será acertada. Do contrário, estará sempre falseada por um certo farisaísmo, no qual, afinal de contas,

Deus não ocupa o centro, o primeiro lugar, mas nós mesmos, a nossa atuação, a nossa virtude ou qualquer outra coisa.

Este ponto de vista é muito exigente – requer um grande «descentramento», um grande esquecimento próprio –, mas ao mesmo tempo é libertador. Deus não espera de nós obras, atos ou a realização de algum bem: somos servos inúteis. «Deus não precisa das nossas obras, mas tem sede do nosso amor», diz Teresa do Menino Jesus. A primeira coisa que nos pede é que nos deixemos amar, que acreditemos no seu amor, o que é sempre possível. A oração é fundamentalmente isso: colocarmo-nos na presença de Deus para deixar que Ele nos ame. A resposta de amor vem depois, durante a oração ou fora dela. Se nos deixarmos amar, é o próprio Deus que produzirá em nós o bem e nos permitirá realizar essas *boas obras, que Deus preparou de antemão para que nós as praticássemos* (Ef 2, 10).

Deduz-se também deste primado do amor que a nossa atitude na oração deve consistir em favorecer e fortalecer o amor. Esse é o único critério que nos permite saber se é bom ou mau fazer isto ou aquilo na oração. É bom tudo o que leva ao amor. Mas a um amor verdadeiro, é claro, não a um amor superficialmente sentimental (embora os sentimentos ardentes tenham o seu valor como expressão de amor, quando Deus no-los concede...).

Os pensamentos, as considerações, os atos interiores que alimentam ou exprimem o nosso amor por Deus, que nos fazem crescer em agradecimento e em confiança nEle, que despertam ou estimulam o desejo de nos darmos inteiramente a Ele, de lhe pertencermos, de o servirmos fielmente como nosso único Senhor, etc., devem constituir habitualmente a parte principal da nossa atividade pessoal na oração. Tudo o que possa fortalecer o nosso amor por Deus é um bom tema de oração.

Buscar a simplicidade

Uma consequência do que acabamos de ver é que durante o tempo da oração devemos estar atentos para não borboletear, para não multiplicar os pensamentos e as considerações, o que poderia levar-nos a procurar mais os grandes voos do que uma conversão efetiva do coração. De que me serve ter pensamentos muito elevados e muito variados sobre os mistérios da fé, mudar constantemente de tema de meditação, percorrendo todas as verdades da teologia e todas as passagens da Escritura, se não saio mais resolvido a dar-me a Deus e a renunciar a mim mesmo por amor a Ele? «Amar – diz Santa Teresa do Menino Jesus – é dar tudo e dar-se a si mesmo». Se a minha oração diária consistisse num único pensamento incansavelmente repetido – o de estimular o meu coração a dar-se inteiramente ao Senhor e fortalecer-me sem cessar na resolução de servi-lo e entregar-me a Ele –, seria mais pobre, mas muito melhor!

Continuando neste primado do amor, recordemos

um episódio da vida de Teresa de Lisieux. Pouco antes de falecer, quando estava de cama e muito doente, a sua irmã – a Madre Inês – entrou no seu quarto e perguntou-lhe: «Em que está pensando?» «Não penso em nada, não posso; sofro demais, e então rezo»; «E o que diz a Jesus?» Teresa respondeu: «Não lhe digo nada, amo-o!»

Esta é a oração mais pobre, mas a mais profunda: um simples ato de amor, para além de todas as palavras, de todos os pensamentos. Devemos tender a essa simplicidade. Em último termo, a nossa oração não deveria ser senão isso: sem palavras, sem pensamentos, sem uma sucessão de atos individuais e distintos, mas um só ato único e simples de amor!

Para chegarmos a essa simplicidade, precisamos de muito tempo e de um profundo trabalho da graça, pois o pecado nos tornou complicados e dispersivos. Mas ao menos lembremo-nos disto: o valor da oração não se mede pela multiplicidade e pela abundância daquilo que fazemos; ao contrário, quanto mais ela se aproxima desse simples ato de amor, mais vale. E, normalmente, quanto mais progredimos na vida espiritual, mais a nossa oração se simplifica.

Antes de encerrarmos este ponto, gostaríamos de prevenir acerca de um tipo de tentação que pode sobrevir na oração. É possível que, enquanto a fazemos, se apresentem ao nosso espírito pensamentos muito belos e profundos, certas luzes sobre o mistério de Deus ou perspetivas entusiasmantes a respeito da nossa vida, etc. Essas luzes ou pensamentos (que de momento podem parecer-nos geniais!) escondem frequentemente uma armadilha, e devemos estar de sobreaviso. É certo que, de vez em quando, Deus nos comunica luzes e inspirações muito elevadas durante a oração. Mas é preciso saber que alguns dos pensamentos que nos ocorrem podem ser tentações: se os seguimos, afastamo-nos na verdade de um encontro talvez mais pobre, porém mais verdadeiro com Deus. Esses pensamentos arrastam-nos, às vezes exaltam-nos um pouco, e nós acabamos por cultivá-los e por estar mais atentos a eles do que ao próprio Deus. Uma vez terminado o tempo de oração, percebemos que tudo se desfaz e que não sobra grande coisa...

Deus dá-se através da humanidade de Cristo

Depois do primado da ação divina e do primado do amor, vejamos agora um terceiro princípio fundamental que está na base da vida contemplativa do cristão: *encontramos a Deus na humanidade de Cristo*.

Se fazemos oração, é para entrar em comunhão com Deus. Mas, a Deus, ninguém o conhece. Então, qual é o meio que nos é dado para encontrá-lo? Há um único mediador, que é Cristo Jesus, verdadeiro Deus e verdadeiro homem. A humanidade de Jesus, enquanto humanidade do Filho, é para nós a mediação, o ponto de apoio ao nosso alcance, pelo qual nos é concedida a certeza de podermos encontrar a Deus e unir-nos a Ele. Com efeito, diz São Paulo, *nele habita corporalmente toda a plenitude da divindade* (Col 2, 9). A humanidade de Jesus é o sacramento primordial pelo qual a Divindade se torna acessível aos homens.

Somos seres de carne e osso, e precisamos de suportes sensíveis para chegar às realidades espirituais. Deus sabe-o disso, e é essa a explicação de todo o mistério da Encarnação. Temos necessidade de ver, tocar e sentir. Para nós, a humanidade sensível e concreta de Jesus é a expressão dessa maravilhosa condescendência de Deus, que conhece a nossa forma de ser e nos dá a possibilidade de ter acesso humanamente ao divino, de tocar o divino por meios humanos. O espiritual fez-se carnal. Jesus é para nós o caminho para Deus: *Aquele que me viu, viu também o Pai*, responde Jesus a Filipe, que lhe pedia: *Mostra-nos o Pai, e isso basta-nos* (Jo 14, 8-9).

Há aqui um mistério muito grande e muito belo: a humanidade de Jesus, em todos os seus aspectos, mesmo nos aparentemente mais humildes e secundários, é para nós como que um imenso *espaço de comunhão com Deus*. Cada aspecto dessa humanidade, cada um dos seus traços – mesmo o menor e mais escondido –, cada uma das suas palavras, cada um dos seus atos e gestos, cada uma das etapas da sua vida, desde a concepção no seio de Maria até a Ascensão, põe-nos em comunhão com o Pai, se o acolhemos na fé. Percorrendo essa humanidade como uma paisagem que nos pertence, como um livro escrito para nós, apropriando-nos dela na fé e no amor, não paramos de crescer numa comunhão com o mistério inacessível e insondável de Deus.

Isto significa que a oração do cristão se baseará sempre numa certa relação com a humanidade do Salvador[9]. As diversas formas de oração cristã (daremos mais adiante alguns exemplos) encontram todas a sua justificação teológica – e têm como denominador comum – no fato de nos porem em comunhão com Deus por meio de um certo aspecto da humanidade de Jesus. Uma vez que a humanidade do Senhor é o sacramento, o sinal eficaz da união do homem com Deus, basta estarmos unidos a ela na fé para nos encontrarmos em comunhão com Deus.

Bérulle exprime de forma muito bela o modo como os mistérios da vida de Jesus, embora acontecidos no tempo, continuam a ser realidades vivas e vivificantes para quem os contempla na fé:

> É preciso encarar a perpetuidade desses mistérios de uma certa maneira: aconteceram em determinadas circunstâncias, mas perduram, estão presentes e são perpétuos de outra certa maneira. Passaram quanto à sua execução, mas estão presentes quan-

---

(9) Sabemos como Santa Teresa de Ávila insistia muito nesta verdade, ao contrário dos que ensinavam que, para chegar à união com Deus, à contemplação pura, era preciso abandonar em certo momento qualquer referência sensível, mesmo à humanidade do Senhor. Cf. *Livro da Vida*, 22, e *Moradas*, 6, 7.

to à sua virtude; e a sua virtude nunca passa, nem nunca passará o amor com que foram realizados. O espírito – portanto, o estado, a virtude, o mérito do mistério – está sempre presente... Isso obriga-nos a tratar as coisas e os mistérios de Jesus não como coisas passadas e extintas, mas como coisas vivas e presentes, das quais devemos também colher um fruto presente e eterno.

E aplica essa reflexão, por exemplo, à infância de Jesus:

> A infância de Jesus é um estado passageiro, as circunstâncias dessa infância passaram, e Ele já não é uma criança. Mas há algo de divino nesse mistério que persevera no céu e que opera uma espécie de graça semelhante nas almas que estão na terra, às quais agrada a Jesus Cristo vincular e dedicar esse humilde e primeiro estado da sua pessoa.

Há mil formas de estar em contacto com a humanidade de Jesus: contemplar os seus atos e gestos, meditar a sua conduta e palavras, cada um dos acontecimentos da sua vida terrena, conservá-los na memória, ver o seu rosto numa imagem, adorá-lo no seu Corpo na Eucaristia, pronunciar com amor o seu Nome e guardá-lo no coração. Tudo isso ajuda-nos a fazer oração; apenas com uma condição: que essa atividade não seja uma curiosidade intelectual, mas uma procura amorosa: *Busquei aquele que o meu coração ama* (Cânt 3, 1).

Com efeito, o que nos permite apropriar-nos plenamente da humanidade de Jesus, e por ela entrar em comunicação real com o mistério insondável de Deus, não é a especulação da inteligência, mas a fé, a fé como virtude teologal, isto é, a fé animada pelo amor. Só ela – e São João da Cruz insiste muitíssimo nisto – tem o poder, a força necessária para nos fazer entrar realmente na posse do mistério de Deus através da pessoa de Cristo. Só ela nos permite atingir realmente Deus na profundidade do seu mistério: a fé, que é a adesão do ser todo inteiro a Cristo, em quem Deus se dá a cada um de nós.

A consequência disso, como já vimos, é que, para o cristão, o modo privilegiado de fazer oração consiste em comunicar-se com a humanidade de Jesus por meio do pensamento, do olhar, dos movimentos da vontade, e segundo caminhos diversos, a cada um dos quais corresponde, se assim se pode dizer, um «método de oração».

Uma forma clássica de entrar na vida de oração, ao menos no Ocidente, é, por exemplo, a que Santa Teresa de Ávila aconselha: viver em companhia de Jesus como um amigo com quem se dialoga, a quem se escuta, etc.

Podemos imaginar-nos diante de Cristo e adquirir o costume de enamorar-nos vivamente da sua sagrada Humanidade, e trazê-lo sempre conosco e falar com Ele, pedir-lhe pelas nossas necessidades e queixar-nos a Ele dos nossos sofrimentos, alegrar-nos com Ele pelas nossas alegrias e não o esquecer por causa delas, sem procurar orações já compostas, mas palavras de acordo com os nossos desejos e necessidades. É uma excelente maneira de progredir, e muito rapidamente. E aos que se esforçarem por viver nesta preciosa companhia e dela tirar muito proveito, e deveras ganharem amor a este Senhor, a quem tanto devemos, a esses considero avançados[10].

Voltaremos mais adiante a este assunto com outros exemplos.

Deus habita no nosso coração

Gostaríamos agora de enunciar um quarto princípio teológico que é também de grande alcance para nos guiar na vida de oração. *Pela oração, queremos unir-nos à presença de Deus.*

Ora, são múltiplos os modos da presença de Deus, o que também explica a diversidade das formas de orar: Deus está presente na criação, e nela podemos contemplá-lo; está presente na Eucaristia, e nela podemos adorá-lo; está presente na Palavra, e nela podemos encontrá-lo, meditando na Escritura, etc. Mas há uma outra

---

(10) Santa Teresa de Ávila, *Livro da Vida*, 12, 2.

modalidade da presença de Deus cuja consequência é muito importante para a vida de oração: a presença de Deus no nosso coração.

Como nas outras formas da presença de Deus, esta presença no interior de nós mesmos não é, a princípio, objeto de experiência (poderá sê-lo pouco a pouco, ao menos em certos momentos privilegiados...), mas é objeto de fé: independentemente do que possamos sentir ou não, sabemos pela fé, com absoluta certeza, que Deus habita no fundo do nosso coração: *Não sabeis que o vosso corpo é templo do Espírito Santo?* (1 Cor 6, 19), diz São Paulo. Santa Teresa de Ávila conta-nos que ter compreendido essa verdade foi para ela uma iluminação que transformou profundamente a sua vida de oração.

> Parece-me que, se eu tivesse compreendido, como compreendo hoje, que neste pequenino palácio, que é a minha alma, habita um Rei tão grande, não o teria deixado só com tanta frequência: estaria de quando em quando com Ele, e sobretudo procuraria que o palácio não estivesse tão sujo. Como é admirável que Aquele que encheria mil mundos, e muitíssimos mais com a sua grandeza, se encerre em coisa tão pequena! Na verdade, como Senhor que é, Ele traz consigo a liberdade e, porque nos ama, acomoda-se às nossas medidas...[11]

---

(11) Santa Teresa de Ávila, *Caminho de perfeição*, 28, 11.

Todos os aspectos de recolhimento, de interioridade, de entrarmos em nós mesmos que pode haver na vida de oração encontram aqui o seu verdadeiro sentido. De outro modo, o recolhimento não passa de um modo de nos fecharmos em nós mesmos. O cristão pode legitimamente entrar em si mesmo porque, para além e mais profundamente que todas as suas misérias interiores, aí encontra a Deus, «que nos é mais íntimo do que nós a nós mesmos», segundo a expressão de Santo Agostinho, Ele que habita em nós pela graça do Espírito Santo. «O centro mais profundo da alma – diz São João da Cruz – é Deus»[12].

Encontramos nesta verdade a justificativa de todas as formas de oração como «prece do coração»: descendo com fé ao seu próprio coração, o homem ali se une à presença de Deus que o habita. Se na oração existe esse movimento pelo qual nos unimos a Deus como o Outro, como Alguém de fora, exterior a nós – e presente de maneira supereminente na humanidade de Jesus –, há igualmente lugar para esse outro movimento pelo qual descemos ao interior do nosso coração a fim de ali nos reunirmos com Jesus, tão próximo e tão acessível: *Quem subirá ao céu para no-la buscar? [...] Quem atravessará o mar para no-la buscar? [...] Mas esta palavra está perto de ti, na tua boca e no teu coração* (Deut 30, 12-14).

Julgais que tem pouca importância para uma alma dispersa entender esta verdade e ver que, para

---

(12) São João da Cruz, *Chama de amor viva*, 1, 3.

falar com o seu Pai eterno e deliciar-se nEle, não tem necessidade de ir até o Céu, nem de orar em voz alta? Por muito baixo que fale, Ele está tão perto que a ouvirá. Para ir em sua busca, não precisa de asas: basta que se ponha em solidão e o olhe dentro de si mesma, e não estranhe tão bom Hóspede; antes lhe fale como a um pai, com grande humildade, e lhe peça como a um pai, e lhe conte as penas que tem e implore remédio para elas, entendendo que não é digna de ser sua filha[13].

Quando não sabemos como orar, é muito fácil procedermos assim: recolhamo-nos, façamos silêncio e entremos no nosso próprio coração; desçamos ao interior de nós mesmos e unamo-nos pela fé a essa presença de Jesus que habita em nós, e permaneçamos pacificamente com Ele. Não o deixemos só; façamos-lhe companhia o mais que pudermos. E, se perseverarmos neste exercício, não tardaremos a descobrir a realidade daquilo a que os cristãos orientais chamam o «lugar do coração», ou a «cela interior», para falar como Santa Catarina de Sena; esse centro da nossa pessoa onde Deus se estabeleceu para estar conosco e onde podemos sempre estar com Ele.

Esse espaço interior de comunhão com Deus existe, foi-nos concedido, mas muitos homens e mulheres nem ao menos suspeitam disso, pois nunca entraram

---

(13) Santa Teresa de Ávila, *Caminho de perfeição*, 28, 1.

nele, nunca desceram a esse jardim para colher os seus frutos. Feliz aquele que faz a descoberta do *reino de Deus dentro de si mesmo* (cf. Lc 17, 21): a sua vida mudará.

O coração do homem é, sem dúvida, um abismo de miséria e de pecado; mas, muito mais no fundo, está Deus. Servindo-nos de uma imagem de Santa Teresa de Ávila, o homem que persevera na oração é como aquele que vai tirar água de um poço. Lança o balde e a princípio só retira lodo. Mas, se tiver confiança e perseverar, chegará um dia em que encontrará dentro do seu coração uma água muito pura. *Do seio de quem crê em mim, como diz a Escritura, brotarão rios de água viva* (Jo 7, 38).

Isto é de grande importância para toda a nossa vida. Se, graças à perseverança na oração, descobrirmos esse «lugar do coração», aos poucos os nossos pensamentos, as nossas opções e os nossos atos, que emergem com demasiada frequência da parte superficial do nosso ser – das nossas inquietações, dos nossos nervosismos, das nossas reações imediatas... –, nascerão pouco a pouco desse centro profundo da alma onde estamos unidos a Deus no amor. Alcançaremos uma nova maneira de ser, na qual tudo procederá do amor, e então seremos livres.

* * *

E assim ficam enunciados quatro grandes princípios que devem orientar a nossa atividade durante a oração: o primado da ação de Deus, o primado do amor, a humanidade de Jesus como instrumento de comunicação com Deus e, por último, a morada de Deus no nosso coração. São princípios que devem servir-nos como pontos de referência para vivermos bem o tempo de oração.

Mas, como já mencionamos anteriormente, para compreendermos o que deve ser a nossa oração, devemos também ter em conta a evolução da vida de oração e das etapas da vida espiritual. Tema de que trataremos a seguir.

Evolução da vida de oração

Da inteligência ao coração

Evidentemente, a vida de oração não é uma realidade estática, mas tem o seu desenvolvimento, as suas etapas, o seu progresso (aliás, de maneira nem sempre linear e até, por vezes, com recuos, ao menos aparentes!).

Os autores espirituais que tratam da oração costumam distinguir diversas fases no seu desenvolvimento, diferentes «estados de oração», desde os mais comuns até os mais elevados, que marcam o itinerário da alma na sua união com Deus. O número dessas fases e a maneira de classificá-las variam conforme os autores. Santa Teresa de Ávila fala de sete moradas; outros autores distinguem três fases (purificativa, iluminativa e unitiva); outros ainda fazem suceder à meditação a oração afetiva, depois a oração de um simples olhar e em seguida a oração de quietude, antes de falarem do sono das potências, do rapto, do êxtase, etc.

Não pretendemos entrar na consideração detalhada das etapas da vida de oração e das graças de ordem mística – e também das dificuldades! – que nela se encontram, embora tudo isso seja muito mais frequente do que se pensa normalmente. Remetemos para autores mais competentes, e, de qualquer modo, não é indispensável tratar disso para o público a que se destina este livro. Acrescentaremos também que os esquemas que descrevem a caminhada na vida de oração nunca devem ser seguidos de modo muito rígido, como uma espécie de itinerário obrigatório, especialmente nos dias de hoje, em que a Sabedoria de Deus parece ter um certo gosto em alterar as leis clássicas da vida espiritual...

Dito isto, é preciso, porém, falar daquilo que, em nosso entender, constitui a primeira grande evolução – a transformação fundamental da vida de oração –, da qual derivam todas as posteriores. Aliás, já aludimos a este tema anteriormente.

Essa evolução assume nomes diferentes conforme os pontos de vista e também conforme as tradições espirituais, mas parece-me que a encontramos um pouco por toda a parte, mesmo quando os caminhos que se aconselham ou descrevem têm pontos de partida muito diferentes. O Ocidente, por exemplo, que geralmente propõe (ou propunha, já que hoje o acesso à vida de oração se faz muitas vezes por caminhos diferentes) a meditação como método de partida para fazer oração, falará da passagem da *meditação* para a *contemplação*. São João da Cruz escreveu extensamente sobre este tema, descrevendo essa etapa e os critérios que permitem discerni-la.

A tradição oriental da «oração de Jesus» (também chamada oração do coração), popularizada ultimamente entre nós pelo livro *Récits d'un pélerin russe* («Relatos de um peregrino russo»), e que tem como ponto de partida a incansável repetição de uma breve fórmula que contém o nome de Jesus, fala desse momento em que a oração *desce da inteligência ao coração*.

Trata-se essencialmente do mesmo fenômeno, embora essa transformação – que também pode ser descrita como uma simplificação da oração, como a passagem de uma oração «ativa» para uma oração mais «passiva» – possa ter manifestações muito variadas, conforme a pessoa e o seu itinerário espiritual.

Em que consiste essa transformação? É um dom particular que um dia Deus concede à pessoa que perseverou na oração, um dom que de modo algum pode ser forçado, que é pura graça, embora a fidelidade à oração tenha grande importância para prepará-la e favorecê-la. Pode às vezes chegar muito depressa, às vezes só ao fim de alguns anos, às vezes nunca. É frequente que seja concedido de modo quase imperceptível no início. Pode não ser permanente, ao menos no princípio, e estar sujeito a avanços e recuos.

A sua característica essencial consiste em que faz passar de uma oração na qual predomina a atividade humana – pela repetição voluntária de uma fórmula, como no caso da «oração de Jesus», ou pela atividade discursiva do espírito no caso da meditação, em que, depois de se escolher um texto ou um tema e de meditá-lo, fazendo trabalhar a reflexão e a imaginação, surgem afetos, resoluções, etc. – para uma oração em que predomina a atividade divina, e a alma, mais do que fazer, deve deixar-se fazer, mantendo-se numa atitude de simplicidade, de abandono, de atenção amorosa e serena para com Deus.

É o caso da «oração de Jesus», na qual se experimenta que a oração flui por si mesma no coração, situando-o num estado de paz, contentamento e amor. No caso da meditação, o início dessa nova etapa manifesta-se frequentemente por uma espécie de aridez, pela incapacidade de refletir e pela inclinação a ficar sem fazer nada diante de Deus. Um «não fazer nada» que não é inércia nem preguiça espiritual, mas abandono amoroso.

Essa transformação deve ser acolhida como uma grande graça, mesmo por aqueles que durante um certo tempo se habituaram a conversar muito com o Senhor ou a meditar, e disso tiraram grande proveito. Acontece que essa graça tem algo de desconcertante, pois a alma fica com a impressão de que retrocede e de que a sua oração se empobrece; tem o sentimento de que é incapaz de orar. Já não pode orar como estava acostumada a fazer, isto é, servindo-se da inteligência, apoiando o seu discurso interior em pensamentos, imagens, gostos sensíveis, etc.

Nas suas obras, São João da Cruz insistiu (e até criticou com veemência certos diretores de almas que não compreendiam nada do assunto[14] em convencer as almas gratificadas por essa graça de que esse empobrecimento é a sua verdadeira riqueza, e de que não deviam querer voltar à meditação a qualquer custo. Deviam contentar-se com permanecer diante de Deus numa atitude de esquecimento próprio e de simples atenção amorosa e serena.

Por que essa pobreza é uma riqueza?

Por que a passagem para essa nova etapa que acabamos de descrever é uma graça tão grande?

Por uma razão muito simples e fundamental, que São João da Cruz explica muito bem. Tudo o que compreendemos sobre Deus ainda não é Deus; tudo o que podemos pensar, imaginar ou sentir de Deus ainda não é Deus! Pois Ele está infinitamente acima de tudo isso, de todas as imagens, de todas as representações, de qualquer percepção sensível. Em contrapartida, se podemos dizer assim, não está para além da fé nem para além do amor. A fé, diz o Doutor Místico, é o único meio adequado de que dispomos para nos unirmos a Deus. Quer dizer, é o único ato que nos leva realmente

---

(14) Veja-se particularmente *Chama de amor viva*, 3, 3.

à posse de Deus. A fé, como movimento simples e amoroso de adesão a Deus que se revela e se dá aos homens em Jesus.

Para nos aproximarmos de Deus na oração, pode ser bom fazermos uso do discurso, da reflexão, da imaginação e dos gostos: na medida em que nos fizerem bem e nos estimularem, em que nos ajudarem a converter-nos e fortalecerem a nossa fé e o nosso amor, devemos servir-nos deles. Mas não podemos atingir Deus na sua essência pela nossa atividade baseada nesses meios, pois Ele está para além do alcance da nossa inteligência e da nossa sensibilidade. Só a fé animada pelo amor dá acesso ao próprio Deus. E essa fé só pode ser exercida plenamente à custa de uma espécie de desprendimento das imagens e dos gostos sensíveis. É por isso que, em certos momentos, Deus se retira sensivelmente, de modo a que nada mais possa intervir senão essa fé, e as outras potências se tornem como que incapazes de funcionar.

Assim, quando uma alma já não pensa, não se apoia em imagens nem sente nada de especial, mas permanece simplesmente numa atitude de amorosa adesão a Deus – mesmo que essa alma não perceba nada de diferente e tenha a impressão de que não faz nada e de que nada acontece –, Deus comunica-se secretamente com ela de um modo bem mais profundo e bem mais substancial.

A oração deixa então de ser uma atividade do homem – que se põe em contacto com Deus, falando-

-lhe, servindo-se da sua inteligência e das demais faculdades –, para converter-se numa espécie de expansão muito profunda de amor, umas vezes sensível, outras insensível, pela qual Deus e a alma se comunicam entre si. Isso é a *contemplação* segundo São João da Cruz: essa «infusão secreta, pacífica, amorosa» pela qual Deus se dá a nós. Deus derrama-se na alma e a alma derrama-se em Deus, num movimento quase imóvel, produzido pela ação do Espírito Santo na alma.

Trata-se certamente de algo impossível de ser descrito com palavras, mas é o que muitas pessoas vivenciam na sua oração, muitas vezes sem elas próprias terem consciência disso. Assim como Monsieur Jourdain fazia prosa sem saber[15], muitas almas simples são contemplativas sem terem consciência da profundidade da sua oração. E, sem dúvida, é melhor assim.

Independentemente do ponto de partida da vida de oração – e como já observamos, os pontos de partida podem ser extremamente diferentes –, é para esse final, ou pelo menos para essa etapa, que o Senhor deseja conduzir muitas pessoas. Em seguida, vem tudo o que o Espírito Santo pode suscitar como etapas posteriores, como graças ainda mais elevadas, das quais não falaremos.

---

(15) M. Jourdain é o personagem principal da comédia *Le bourgeois gentilhomme*, de Molière; a certa altura da peça, o «professor de filosofia» explica-lhe que tudo o que se escreve e se diz ou está em prosa ou em verso, e M. Jourdain exclama: «Por minha fé, então há quarenta anos faço prosa sem o saber!" (N. do E.).

É surpreendente observar, por exemplo, que em tradições tão distantes entre si como a da «oração de Jesus» e a que São João da Cruz representa – em que as vias propostas são muito diferentes –, quando se trata de descrever a graça da contemplação a que conduzem os dois caminhos, se encontram expressões quase equivalentes. Por exemplo, quando São João da Cruz descreve a contemplação como *«uma doce respiração de amor»*[16], julgamos reconhecer a linguagem da *Filocália*[17].

O coração ferido

Faremos agora algumas considerações que são como uma síntese do que dissemos até agora e que nos vão situar no ponto em que tudo se reagrupa e se une: o primado do amor, a contemplação, a prece do coração, a humanidade de Jesus, etc.

Para resumir, a experiência demonstra que, para orar bem, para chegar a esse estado de oração passiva de que falamos, no qual Deus e a alma se comunicam em profundidade, é necessário que *o coração seja ferido*. Ferido pelo amor de Deus, ferido pela sede do Bem-Amado. É só à custa de uma ferida que a oração pode descer verdadeiramente ao coração e habitar nele. É preciso que Deus nos tenha como que tocado num nível muito

---

(16) Cf. *Chama de amor viva*, 3, 3.

(17) Obra principal que agrupa no Oriente, especialmente na Rússia, os textos dos Padres da Igreja e outros autores espirituais relacionados com a «Oração de Jesus".

profundo do ser para que já não possamos passar sem Ele. Ao fim e ao cabo, sem essa ferida de amor a nossa oração jamais deixará de ser um mero exercício intelectual, isto é, um piedoso exercício de espiritualidade, e não a íntima comunhão com Aquele cujo coração foi ferido de amor por nós.

Falamos atrás da humanidade de Jesus como mediação entre Deus e o homem. Ora, o centro da humanidade de Jesus é o seu coração ferido. O Coração de Jesus foi aberto pela lança para que o amor divino pudesse derramar-se sobre nós e para que tivéssemos acesso a Deus. Só podemos receber verdadeiramente essa expansão de amor se o nosso coração também se abrir por uma ferida. É então que poderá haver esse verdadeiro intercâmbio de amor que é o único fim da vida de oração, e que esta chega a ser o que deve ser: uma comunicação de «coração a Coração»!

Dependendo do momento, essa ferida que o amor provoca em nós pode ter muitas manifestações. Pode ser desejo, busca ansiosa do Bem-Amado, arrependimento e dor pelo pecado, sede de Deus, agonia da ausência. Pode também ser doçura que dilata a alma, felicidade inexprimível, chama ardente e paixão. Fará de nós seres marcados para sempre por Deus, seres que já não podem ter outra vida que não seja a vida de Deus neles.

Quando se nos revela, o Senhor procura evidentemente curar-nos: curar-nos das nossas amarguras, das nossas faltas, dos nossos sentimentos de culpa verdadeiros ou falsos, das nossas durezas, etc. Sabemos disso, e todos esperamos essas curas. Mas importa compreender que, em certo sentido, Ele procura mais ferir-nos do que curar-nos. É ferindo-nos cada vez mais profundamente que nos proporciona a verdadeira cura. Seja qual for a sua atitude para conosco, quer se faça muito próximo ou pareça distante, quer se mostre terno ou pareça indiferente (e existem essas alternâncias na vida de oração!), o fim que se propõe é ferir-nos cada vez mais de amor.

No *Tratado do amor de Deus* de São Francisco de Sales, há um capítulo muito bonito em que o santo mostra as diferentes maneiras que Deus emprega para ferir de amor a alma. Mesmo, por exemplo, quando parece abandonar-nos, deixar-nos com os nossos defeitos, na aridez, Ele só o faz para nos ferir mais vivamente:

> Essa pobre alma, que se sente decidida a morrer antes que ofender o seu Deus, mas que, no entanto, não sente nem um pingo de fervor, antes pelo contrário, uma frieza extrema que a mantém completamente entorpecida e tão fraca que cai permanentemente em imperfeições muito visíveis; essa alma está muito ferida, pois o seu amor é extremamente doloroso por ver que Deus aparenta não perceber quanto ela o ama, abandonando-a como uma criatura que não lhe pertence, e lhe parece que, no meio dos seus defeitos, distrações e friezas, Nosso Senhor lança contra ela esta censura: «Como podes dizer que me amas, se a tua alma não está comigo?» E isso

é para ela um dardo de dor que lhe atravessa o coração, mas um dardo de dor que procede do amor, pois se ela não amasse, não a afligiria a apreensão que tem de não amar[18].

Às vezes, Deus nos fere mais eficazmente deixando-nos na nossa pobreza do que curando-nos!

Com efeito, Deus não procura tanto tornar-nos perfeitos como prender-nos a Ele. Uma certa perfeição (segundo a imagem que temos dela com frequência...) tornar-nos-ia autossuficientes e independentes; em contrapartida, sermos feridos torna-nos pobres, mas põe-nos em comunicação com Ele. E é isso que importa: não tanto atingirmos uma perfeição ideal, mas não podermos passar sem Deus, estarmos unidos a Ele de maneira constante, quer pela nossa pobreza, quer pelas nossas virtudes. De tal sorte que o seu amor possa derramar-se em nós sem cessar e nós nos vejamos na necessidade de nos darmos inteiramente a Ele – porque é a única solução! E é esse laço que nos santificará, que nos levará à perfeição.

Esta verdade explica muitas coisas da nossa vida espiritual. Ajuda-nos a entender por que Jesus não livrou São Paulo do seu aguilhão na carne, desse *anjo de Satanás encarregado de esbofeteá-lo*, dando-lhe esta resposta: *Basta-te a minha graça, porque é na fraqueza que se revela totalmente a minha força* (2 Cor 12, 9).

---

(18) São Francisco de Sales, *Tratado do amor de Deus*, 6, 15.

Isso explica também por que os pobres e os pequenos, esses que foram feridos pela vida, têm frequentemente graças de oração que não se encontram nos mais afortunados.

Fazer oração: manter aberta a ferida

Ao fim e ao cabo, a oração consiste principalmente em manter aberta essa ferida de amor, em impedir que se feche. É isso também que nos deve guiar para sabermos o que fazer na oração.

Quando a ferida corre o risco de se fechar, ou se atenua pela rotina, pela preguiça ou pela perda do primeiro amor, então é preciso agir, é preciso acordar, despertar o coração, estimulá-lo a amar, utilizando todos os bons pensamentos e propósitos, fazendo o esforço – para empregarmos a imagem de Santa Teresa – de ir, no que depender de nós, tirar a água que nos falta, até que o Senhor se compadeça de nós e faça chover[19]. Isso pode exigir às vezes um esforço perseverante. *Levantar-me-ei e percorrerei a cidade, as ruas e as praças, em busca daquele que o meu coração ama* (Cânt 3, 2).

Se, pelo contrário, o coração estiver aberto, se o amor se expandir – pode ser com ímpeto, ou também com extrema doçura (pois os movimentos do amor divino

---

(19) A santa desenvolve extensamente esta imagem da água no *Livro da Vida*, caps. 11 e segs.

são às vezes quase imperceptíveis, já o dissemos), mas sempre numa expansão de amor porque o coração está desperto e atento: *Eu durmo, mas o meu coração vigia* (Cânt 5, 2) –, então é preciso simplesmente entregar-se a essa efusão de amor, sem fazer nada além de consentir nela ou fazer o que esse amor suscite naturalmente em nós como resposta.

Dissemos que os pontos de partida da vida de oração podem ser muito diferentes. Aludimos à meditação, à «oração de Jesus», que são apenas exemplos. E eu penso que hoje em dia, neste nosso século tão especial – em que somos tão maltratados e Deus tão acossado, em que as etapas tradicionais e progressivas da vida espiritual são frequentemente alteradas –, vemo-nos muitas vezes como que arremessados sem aviso prévio para a vida de oração e recebemos de forma quase imediata essa ferida de que falamos: por uma graça de conversão, pela experiência da efusão do Espírito Santo como a que podemos fazer na Renovação Carismática (ou em outro lugar), ou por uma prova providencial através da qual Deus se apossa de nós.

A parte que nos cabe na vida de oração consiste então em sermos fiéis à oração, em perseverar no diálogo íntimo com Aquele que nos tocou, de maneira a «manter aberta essa ferida», a impedir que ela se feche quando o «momento forte» da experiência de Deus se afastar e nos fizer esquecer pouco a pouco o que se passou, deixando-o sepultar-se pouco a pouco sob o pó da rotina, do esquecimento e da dúvida...

O nosso coração e o coração da Igreja

Para concluir esta parte, gostaríamos de dizer algumas palavras sobre o alcance eclesial da vida de oração. Em primeiro lugar, porque se trata de um mistério extraordinariamente belo, que pode encorajar muito a perseverar na oração. Mas também para que o leitor não fique com a impressão – totalmente falsa – de que um componente tão essencial da vida cristã, como é a sua dimensão eclesial, é estranho à vida de oração ou só se liga a ela perifericamente. Muito pelo contrário: entre a vida da Igreja, na amplitude universal da sua missão, e o que se passa entre uma alma e o seu Deus, na intimidade da oração, existe um laço, muitas vezes invisível, mas extremamente profundo. Não foi por acaso que uma carmelita que jamais saiu do seu convento foi declarada padroeira das missões...

Haveria muitas coisas a dizer sobre este tema, sobre a relação entre missão e contemplação, sobre a maneira como a contemplação nos introduz intimamente no mistério da Igreja e da comunhão dos santos.

A graça da oração é sempre acompanhada de uma profunda inserção no mistério da Igreja. Assim o vemos com toda a nitidez na tradição carmelita, que, em certo sentido, é a tradição mais forte e mais explicitamente contemplativa, pois procura a união com Deus através de um caminho de oração que exteriormente pode parecer demasiado individualista. Ao mesmo tempo, porém, é nela que se encontra mais clara e explicitamente expressa a articulação entre a vida contemplativa e o mistério da Igreja. Só que essa articulação não é compreendida de maneira superficial, com critérios de visibilidade e de eficácia imediata, mas captada em toda a sua profundidade mística. É uma articulação extremamente simples, mas profunda: faz-se pelo Amor, porque entre Deus e a alma só se trata de amor, e, na eclesiologia implícita na doutrina dos grandes representantes do Carmelo – Teresa de Ávila, João da Cruz, Teresa de Lisieux –, o que constitui a essência do mistério da Igreja é também o Amor. O amor que une Deus e a alma, e o Amor que constitui a realidade profunda da Igreja são idênticos, já que esse amor é dom do Espírito Santo.

Santa Teresa de Ávila morrerá dizendo: «Sou filha da Igreja». Se funda os seus carmelos, se enclausura as suas filhas e as impele para a vida mística, é em primeiro lugar como resposta às necessidades da Igreja do seu tempo: a santa estava profundamente impressionada com os estragos da reforma protestante e com os relatos dos conquistadores sobre as imensas multidões de pagãos que era preciso atrair para Cristo. «O mundo está em chamas e não é hora de cuidar de coisas de pouca importância».

São João da Cruz afirma com muita clareza que o amor gratuito e desinteressado de Deus vivenciado na oração é o que mais aproveita à Igreja e o que mais falta lhe faz: «Um ato de puro amor é de maior proveito para a Igreja do que todas as obras do mundo».

E Santa Teresa do Menino Jesus exprime da maneira mais bela e completa essa ligação entre o amor pessoal por Deus vivido na oração e o mistério da Igreja. Entra no Carmelo «para orar pelos sacerdotes e pelos grandes pecadores», e o momento mais forte da sua vida será aquele em que descobrir a sua vocação: essa jovem – que quer ter todas as vocações juntas porque quer amar Jesus até a loucura e servir a Igreja de todas as formas possíveis, e cujos desejos desmesurados são um martírio – só encontrará a paz quando a Escritura a fizer compreender que o maior serviço que pode prestar à Igreja, e que contém todos os outros, é alimentar dentro dela o fogo do amor:

> sem este amor, os missionários deixarão de anunciar o Evangelho, e os mártires de dar a sua vida… Por fim, descobri a minha vocação: no coração da Igreja, minha mãe, eu serei o amor!

E isso se vive sobretudo pela oração.

> Sinto que, quanto mais o fogo do amor abrasar o meu coração, tanto mais direi: Atraí-me! Quanto mais as almas se aproximarem de mim (pobre rebotalho de ferro inútil, se me afasto do fogo divino), mais depressa essas almas correrão para o odor dos perfumes do seu Bem-Amado, pois uma alma abrasada de amor não pode permanecer inativa. Como Maria Madalena, sem dúvida, permanece aos pés de

Jesus e escuta a sua palavra doce e inflamada; parecendo não dar nada, dá muito mais do que Marta, que se aflige com muitas coisas e desejaria que a sua irmã a imitasse... Todos os santos entenderam isto e talvez especialmente os que encheram o universo com a luz da doutrina evangélica. Não foi na oração que santos como Paulo, Agostinho, João da Cruz, Tomás de Aquino, Francisco, Domingos e tantos outros ilustres Amigos de Deus beberam esta ciência divina que fascinou os maiores gênios? Um sábio disse: «Deem-me uma alavanca, um apoio, e eu levantarei o mundo». O que Arquimedes não conseguiu, porque o seu pedido não se dirigia a Deus, e foi feito apenas do ponto de vista material, os santos conseguiram-no em toda a sua plenitude. O Todo-Poderoso deu-lhes como ponto de apoio ELE PRÓPRIO e SÓ ELE; e como alavanca a oração, que abrasa com um fogo de amor. Foi assim que levantaram o mundo; é assim que os santos ainda militantes o levantam e que os futuros santos também o levantarão, até o fim dos tempos.

A vida de Teresa apresenta este belíssimo mistério: Teresa só quis viver uma coisa, uma comunicação «coração a coração» com Jesus, mas, quanto mais ela penetra nesse «coração a coração», quanto mais se concentra no amor de Jesus, mais o seu coração cresce e se dilata ao mesmo tempo no amor à Igreja; o seu coração torna-se grande como a Igreja, para além de todos os limites de espaço e tempo[20]. Quanto mais Teresa vive na oração a sua vocação de amor esponsal por Jesus, mais fundo penetra no mistério da Igreja. Aliás, é a única maneira de compreender verdadeiramente a Igreja. Quem não vive na oração uma relação esponsal com Deus nunca compreenderá nada da Igreja, não captará a sua identidade profunda, pois ela é a Esposa de Cristo.

Na oração, Deus comunica-se à alma e transmite-lhe o seu desejo de que todos os homens sejam salvos. O nosso coração identifica-se com o coração de Jesus, partilha o seu amor pela sua Esposa que é a Igreja e a sua sede de dar a vida por ela e por toda a humanidade: *Tende em vós os mesmos sentimentos de Cristo Jesus*, diz-nos São Paulo. Sem a oração, não se pode realizar essa identificação com Cristo.

A graça própria do Carmelo é ter posto em evidência a profunda ligação entre o «coração a Coração» com Jesus na oração e a inserção no coração da Igreja. Sem dúvida, devemos ver nela uma graça mariana: não foi o Carmelo a primeira Ordem mariana do Ocidente? Quem a não ser Maria, a Esposa por excelência e figura da Igreja, poderia penetrar nessas profundidades?

---

(20) Vejam-se os capítulos dedicados a Santa Teresa de Lisieux no livro de F.M. Léthel, *Connaître l'amour du Christ qui surpasse toute connaissance*, Éds. du Carmel, Venasque, 1997.

As condições materiais da oração

Façamos agora algumas observações a propósito das condições externas da oração: duração, momentos, atitudes e lugares convenientes.

Certamente, não se deve dar excessiva importância a esses aspectos, pois nesse caso faríamos da vida de oração uma técnica, ou nos concentraríamos no que não é essencial, o que seria um erro.

Em princípio, pode-se fazer oração em qualquer momento, em qualquer lugar e com uma grande variedade de atitudes físicas, na santa liberdade dos filhos de Deus. No entanto, não somos espíritos puros, somos seres de carne e osso, condicionados pelo corpo, pelo espaço e pelo tempo; faz parte da sabedoria bíblica tomá-los em consideração e saber utilizar essas contingências concretas a serviço do espírito. Principalmente porque, se há ocasiões em que o espírito é incapaz de orar, há também, felizmente, o «irmão asno»[21], que

---

(21) Expressão de São Francisco de Assis para designar o corpo (N. do E.).

pode vir em sua ajuda e de certo modo supri-lo com um sinal-da-cruz, com uma atitude de prosternação ou com os movimentos da mão pelas contas do terço...

Tempo

O momento adequado para fazer oração

Todas as horas são boas para fazer oração, mas procuremos, dentro das nossas possibilidades, dedicar-lhe os momentos mais favoráveis: aqueles em que o espírito está relativamente desperto, ainda não muito carregado de preocupações imediatas, em condições de não ser perturbado a cada três minutos. Um momento privilegiado para isso é o tempo que antecede ou se segue à Missa, logo pela manhã: assim aproveitamos também muito melhor a imensa graça da Eucaristia.

O que importa conseguir neste ponto é que a oração se converta num hábito, que não seja uma exceção, um momento arrancado com grande sacrifício às outras atividades: que faça parte do ritmo normal da nossa vida e que o seu lugar nesse ritmo não seja posto em discussão. Desse modo, a fidelidade – tão essencial, como já vimos – ver-se-á grandemente facilitada.

A vida humana é feita de ritmos: ritmo cardíaco, ritmo respiratório, ritmo do dia e da noite, das refeições, da semana... A oração deve entrar nesses ritmos para se tornar um hábito, tão vital quanto os outros hábitos da nossa existência. Diferentemente da rotina, o hábito não deve ser entendido como algo de negativo, muito pelo contrário, pois é a facilidade de fazer naturalmente uma coisa que a princípio exigia esforço e luta. O lugar que Deus ocupa no nosso coração – não o esqueçamos – é aquele que ocupa no ritmo da nossa vida, dos nossos hábitos. A oração deve tornar-se a respiração da nossa alma.

Acrescentemos que o ritmo fundamental da vida é o do dia. Tanto quanto possível, a nossa oração deve ser cotidiana.

Duração do tempo de oração

Algumas observações quanto ao tempo que deve durar a oração. Deve ser um tempo suficiente. Dedicar cinco minutos à oração é não dar o nosso tempo a Deus: concedemos cinco minutos a uma pessoa de quem queremos livrar-nos! Um quarto de hora é o mínimo estrito. E quem tiver possibilidade disso não deve hesitar em dedicar-lhe uma hora diária.

No entanto, devemos cuidar de não ser muito ambiciosos em fixar esse tempo, sob pena de, por querermos ir mais longe do que as nossas forças nos permitem, acabarmos por desanimar. Vale mais um tempo relativamente breve – vinte minutos, meia hora –, mas fielmente observado todos os dias, do que duas horas de vez em quando, irregularmente.

É muito importante fixar esse tempo mínimo e não abreviá-lo, a não ser em casos totalmente excepcionais. Seria um erro determinar a duração da oração de acordo com o prazer que nos proporciona: quando começa a ficar um pouco aborrecida, paramos. Às vezes, pode ser prudente parar antes, por exemplo se nos cansamos ou ficamos tensos e agitados. Mas, geralmente, se quisermos que a oração dê os seus frutos, temos de ater-nos a um tempo mínimo e não ceder à tentação de reduzi-lo. Tanto mais que a experiência mostra que, frequentemente, é nos últimos cinco minutos que o Senhor nos vem visitar e abençoar, ao passo que o tempo anterior se passou «sem apanharmos nada», como São Pedro na pesca.

Lugar

Deus está presente em toda parte e podemos orar em qualquer lugar: no quarto, num oratório, diante do Santíssimo Sacramento, no trem ou mesmo numa fila de supermercado.

Mas, na medida do possível, é preciso procurar um lugar que favoreça o silêncio e o recolhimento, a atenção à presença de Deus. O lugar preferível é uma capela com o Santíssimo Sacramento, principalmente se estiver exposto, para nos beneficiarmos da graça da Presença Real.

Se fazemos a oração em casa, é bom prepararmos um recanto apropriado, com um crucifixo, um quadro que represente uma cena do Evangelho, uma imagem de Nossa Senhora, enfim tudo o que nos possa ajudar. Precisamos de sinais sensíveis; foi por isso que o Verbo se fez carne, e seria totalmente errado desprezar essas coisas, não nos cercarmos desses objetos que favorecem a devoção. Quando a oração se torna difícil, um olhar pousado sossegadamente numa dessas imagens pode devolver-nos à presença do Senhor.

Assim como há um tempo para a oração, também é bom que haja em cada casa um espaço em que se possa orar. Atualmente, muitas famílias sentem a necessidade de ter um quarto ou um recanto da casa que sejam uma espécie de oratório. E isso é muito bom.

Atitudes corporais

Que atitude corporal se deve aconselhar para fazer oração?

Em si, é um problema sem grande importância: como já vimos, a oração não tem nada a ver com o ioga. Isso depende de cada um, do seu estado de saúde, do cansaço, do que lhe convém pessoalmente. Pode-se fazer oração sentado, de joelhos, de pé ou até mesmo deitado.

Mas, além desse princípio de liberdade, fazemos duas observações que podem servir-nos de guia.

Por um lado, é preciso que a atitude escolhida permita uma certa estabilidade, uma certa imobilidade. Que favoreça o recolhimento e permita respirar calmamente. Se a pessoa estiver mal acomodada e precisar mudar de posição a cada três minutos, é evidente que isso não irá favorecer a disposição de alcançar uma plena presença de Deus, essencial à oração.

Por outro lado, porém, a posição do corpo não deve ser demasiado descontraída. Com efeito, se na base da oração há um exercício de atenção à presença de Deus, é preciso que a posição corporal permita e favoreça essa atenção, que não deve ser tensão, mas orientação do coração para Deus. Às vezes, quando o espírito é tentado a deixar-se levar pela preguiça ou pela dispersão, uma posição corporal melhor, ou seja, que represente melhor uma busca e um desejo de Deus – de joelhos num genuflexório e de mãos abertas, por exemplo –, permite chegar com mais facilidade à presença de Deus. Também neste caso há lugar para a sabedoria de pôr delicadamente o «irmão asno» a serviço do espírito.

Alguns métodos de oração

Introdução

À luz de tudo o que vimos antes, diremos agora umas breves palavras sobre os métodos mais empregados para fazer oração.

Muitas vezes, não será necessário método algum. Mas, com frequência, será útil podermo-nos apoiar em um ou outro meio que vamos expor.

Façamos algumas observações preliminares. Em que basear-se para escolher uma maneira de fazer oração e não outra? Creio que é um campo em que somos muito livres; cada qual deve escolher com simplicidade o método que lhe convém, com o qual se sente à vontade, e que lhe permite crescer no amor de Deus. Apenas é preciso cuidarmos de permanecer sempre, independentemente do método utilizado, no «clima espiritual» que procuramos descrever nestas páginas; e o Espírito Santo guiar-nos-á e fará o restante. Temos também de ser perseverantes: seja qual for o método utilizado, haverá sempre momentos de aridez, e não devemos abandonar um método de oração ao fim de uns dias só por não ter produzido imediatamente os frutos esperados. Mas temos igualmente de ser livres e desprendidos para não ficarmos agarrados aos nossos hábitos quando o Espírito – por ter chegado a hora de passar para outra coisa – nos impelir a abandonar um método que foi bom e fecundo durante um período da nossa vida.

Acrescentemos por fim, que se podem «combinar» diversos métodos entre si: que coexistam na nossa oração uma parte de meditação e uns momentos dedicados à «oração de Jesus», por exemplo. Mas é preciso evitar nesse caso o perigo de «borboletear»; não seria bom mudar de atitude a cada cinco minutos: a oração deve tender, como já vimos, a uma certa imobilidade, a uma certa estabilidade, que é a única coisa que a faz ser verdadeiramente uma permuta de amor em profundidade. Os movimentos do amor são pausados e tranquilos; são atitudes estáveis porque comprometem todo o ser na acolhida de Deus e no dom de si.

A meditação

Como já tivemos ocasião de dizer, a meditação tem sido, pelo menos a partir do século XVI, a base de quase todos os métodos de oração propostos no Ocidente[22]. É uma prática bem mais antiga, evidentemente, já que tem as suas raízes no costume – constante na Igreja e mesmo na tradição judaica que a precede – de uma leitura espiritual e interiorizada da Escritura que leva à oração, e que tem como um dos seus exemplos mais característicos a *lectio divina* monástica.

A meditação consiste – depois de um tempo de preparação mais ou menos longo e mais ou menos estruturado (pôr-se na presença de Deus, invocar o Espírito Santo, etc.) – em tomar um texto da Escritura ou uma passagem de um autor espiritual e ler lentamente esse texto, fazendo sobre ele «considerações», procurando compreender o que Deus nos quer dizer através dessas palavras e ver como aplicá-las à nossa vida. Essas considerações devem iluminar a nossa inteligência e alimentar o nosso amor, de modo que delas brotem afetos e resoluções.

É uma leitura que não tem por objetivo aumentar os nossos conhecimentos intelectuais, mas fortalecer o nosso amor a Deus, e por isso deve ser feita sem avidez, mas calmamente. Detemo-nos num ponto concreto, «ruminando-o» enquanto nos proporcionar algum alimento para a alma; transformamo-lo em oração, em

---

(22) É importante tê-lo em conta quando se leem autores clássicos como Santa Teresa ou São João da Cruz; caso contrário, corremos o risco de não compreender alguns dos seus ensinamentos, que pressupõem termos começado pela meditação, e que não se podem aplicar literalmente a uma pessoa que entre na vida de oração por outro caminho, como costuma acontecer atualmente.

diálogo com Deus, em ação de graças ou adoração. Depois, quando por assim dizer tivermos esgotado esse ponto, passamos ao seguinte ou retomamos a leitura do texto... Costuma-se aconselhar a concluir esta prática com uns momentos de oração final, em que de algum modo se repassa tudo o que se meditou e se dão graças ao Senhor, pedindo-lhe ao mesmo tempo ajuda para cumprir os propósitos formulados.

São muito numerosos os livros que oferecem métodos e temas de meditação. Para se ter uma ideia do que poderia ser aconselhável neste campo, pode-se ler a bela carta do padre Libermann (fundador dos Padres do Espírito Santo) a seu sobrinho, citada em apêndice, ou também os conselhos de São Francisco de Sales na sua *Introdução à vida devota*.

A vantagem da meditação é que nos dá um método acessível para começarmos a fazer oração. Evita o perigo da preguiça espiritual, pois apela para a nossa própria atividade, para a nossa reflexão, vontade, etc.

Mas tem também os seus perigos, pois pode tornar-se mais um exercício da inteligência do que do coração, levando-nos a ficar mais atentos às considerações que fazemos sobre Deus do que ao próprio Deus! Pode também apegar-nos sutilmente ao trabalho próprio do espírito pelo prazer que nele encontramos.

Apresenta ainda o inconveniente de que – às vezes muito cedo, às vezes passado um certo tempo – se torne simplesmente impossível! O espírito já não consegue meditar, nem ler, nem fazer considerações. Normalmente, isso é um bom sinal[23]. Com efeito, essa aridez indica com frequência, de modo geral, que o Senhor deseja fazer entrar a alma numa forma de oração que, embora mais pobre, é mais passiva e mais profunda. Como já explicamos, essa passagem é indispensável, pois a meditação leva a unir-nos a Deus através de conceitos, imagens e impressões sensíveis, mas Deus está acima de tudo isso, e é preciso que, num dado momento, abandonemos esses meios para encontrá-lo nEle mesmo, de uma maneira talvez mais pobre, porém mais essencial. O ensinamento fundamental de São João da Cruz nesta matéria não consiste tanto em dar conselhos para que se faça bem a meditação, mas em incitar a alma a saber abandoná-la quando chegar a hora, sem se inquietar com isso, e em acolher a impossibilidade de meditar não como uma perda, mas como um ganho.

Para concluir, diremos que a meditação é boa na medida em que nos liberta do apego ao mundo, ao pe-

---

(23) São João da Cruz dá-nos alguns critérios que permitem ver se a incapacidade de meditar é uma demonstração de que Deus quer introduzir a alma numa oração contemplativa mais profunda. Com efeito, essa aridez poderia ser fruto de outras causas: uma delas, a tibieza, em que a alma perde o gosto pelas coisas de Deus e se mostra mais interessada nas coisas exteriores; ou então um motivo psicológico, uma espécie de cansaço do espírito que a torna incapaz de interessar-se seja pelo que for. É necessário que esta incapacidade de meditar esteja acompanhada por duas coisas: por um lado, por uma certa tendência para o silêncio e a solidão, por um desejo de permanecer sossegadamente diante de Deus; por outro, pela ausência de qualquer desejo de aplicar a imaginação a alguma coisa que não seja Deus (cf. *Subida ao Monte Carmelo*, 13).

cado e à tibieza, e nos aproxima de Deus. É preciso saber abandoná-la quando chega a hora, uma hora que evidentemente não nos cabe a nós decidir, pois é da competência da Sabedoria divina.

Acrescentemos também que, mesmo que já não se pratique a meditação como forma habitual de oração, às vezes pode ser bom voltar a ela, à leitura e às considerações, ou seja, a uma busca mais ativa de Deus, se for útil para sair de uma certa preguiça ou do relaxamento que nos pode sobrevir.

Por último, mesmo que não seja ou tenha deixado de ser a base da nossa oração, a meditação, em forma de *lectio divina*, deve ter o seu lugar em toda a vida espiritual. É indispensável ler frequentemente a Escritura ou livros espirituais para alimentar a inteligência e o coração com as verdades sobre Deus, sabendo interromper essa leitura num momento ou noutro para «orar» os pontos que nos tocam particularmente.

Que pensar da meditação como método de oração hoje em dia? Não existe com certeza nenhuma razão para desaconselhá-la ou excluí-la, se soubermos evitar os escolhos que assinalamos e se tirarmos proveito dela para o nosso progresso. Mas não há dúvida de que, dada a sensibilidade e o gênero de experiência espiritual dos nossos tempos, são muitas as pessoas que não se sentem muito à vontade na meditação e preferem um modo de orar menos sistemático, mas mais simples e imediato.

A oração do coração

Na tradição cristã oriental, especialmente na Rússia, a «oração de Jesus» ou «oração do coração» é a principal via para entrar na vida de oração. Ao longo dos últimos anos, essa piedosa tradição propagou-se no Ocidente, o que é muito bom porque pode conduzir muitas almas à oração interior.

Consiste na repetição de uma breve fórmula do gênero: «Senhor Jesus, Filho do Deus vivo, tem piedade de mim, pecador!» A fórmula empregada deve conter o nome de Jesus, o nome humano do Verbo, e essa maneira de orar está ligada a toda uma belíssima espiritualidade do Nome que encontra as suas raízes na Bíblia. É, pois, uma tradição muito antiga. Dela nos dá testemunho, entre tantos outros, São Macário do Egito, no século IV:

> As coisas mais correntes serviam-lhe de sinal para se elevar às sobrenaturais. Recordava a São Pacômio um costume das mulheres orientais: «Quando eu era pequeno, via-as mastigar bétel para adoçar a saliva e tirar o mau hálito da boca. Assim deve ser para nós o nome de Jesus Cristo Nosso Senhor: se mastigarmos esse nome bendito, pronunciando-o constantemente, Ele traz às nossas almas toda a doçura e revela-nos coisas celestiais, Ele que é o alimento da alegria, a fonte da salvação, a suavidade das águas que vivificam, a doçura de todas as doçu-

ras, e que afasta da alma todo mau pensamento. É o nome dAquele que está nos céus, Nosso Senhor Jesus Cristo, o Rei dos reis, o Senhor de todos os senhores, celestial recompensa daqueles que o procuram de todo o coração».

A vantagem desta oração é que é despojada, simples e baseada numa atitude de grande humildade. E o Oriente é testemunha de que pode conduzir a uma profunda vida mística de união com Deus.

Pode ser utilizada em qualquer lugar e momento, mesmo no meio de outras ocupações, e assim levar à oração contínua. Geralmente, com o passar do tempo, a oração simplifica-se e acaba por ser apenas uma invocação do nome: «Jesus», ou algo de muito breve: «Jesus, eu te amo», «Jesus, piedade!», etc., conforme o que o Espírito sugira pessoalmente a cada um.

E acima de tudo – mas isso é um dom gratuito de Deus, que em nenhum caso deve ser «forçado» – «desce da inteligência ao coração»: ao mesmo tempo que se simplifica, interioriza-se, de tal maneira que se torna quase automática e permanente, como uma espécie de morada constante do nome de Jesus no coração. Trazendo esse Nome com amor dentro de si, o coração ora sem cessar. E de certo modo, acaba-se por habitar permanentemente nesse coração em que mora o nome de Jesus, nome de onde fluem o amor e a paz: *O teu nome é como um perfume derramado* (Cânt 1, 3).

Esta «oração de Jesus» é evidentemente uma excelente forma de oração. Mas não é dada a todos, ao menos na forma em que a descrevemos. Isso não impede, porém, que uma das formas muito recomendáveis de orar seja trazer o nome de Jesus o mais possível no coração e na memória, pronunciá-lo frequentemente com amor, pois por esse meio nos unimos a Deus: o nome representa a Pessoa, ou melhor, torna-a presente.

O perigo da «oração de Jesus» estaria em forçar as coisas: em querer obrigar-se a uma repetição mecânica e cansativa que daria lugar a uma tensão nervosa. É preciso praticá-la com moderação, com suavidade, sem forçar, sem querer prolongá-la além do que é concedido, deixando a Deus o cuidado de transformá-la, se Ele assim quiser, em algo mais interior e mais contínuo. Não se deve esquecer o princípio que enunciamos desde o início: a oração profunda não é o resultado de uma técnica, mas uma graça.

O terço

Há quem se surpreenda de ver que apresentamos o terço como um método de oração. Mas eu penso que, graças ao terço – talvez sem o saberem!–, muitas almas chegaram à oração contemplativa e mesmo à oração contínua.

Também o terço é uma oração simples, pobre, para os pobres (mas quem não o é?), e que tem a vantagem de servir para mil coisas: pode ser uma oração comunitária, familiar, uma oração de intercessão (que há de mais natural que rezar uma dezena por uma pessoa?). Porém, ao menos para aqueles que recebem essa graça, pode ser também uma espécie de oração do coração que nos faz entrar em oração, de um modo análogo à «oração de Jesus». Aliás, a Ave-Maria não contém o nome de Jesus?

No terço, Maria faz-nos entrar na sua oração, dá-nos acesso à humanidade de Jesus e introduz-nos nos mistérios do seu Filho. De certo modo, faz-nos participar da sua oração – a mais profunda que jamais existiu.

Recitado lentamente, com recolhimento, o terço costuma ter o poder de nos estabelecer na comunhão de coração com Deus. Como pode o coração de Maria não nos dar acesso ao Coração de Jesus? O autor destas linhas experimentou frequentemente que, quando lhe é difícil fazer oração, quando não consegue recolher-se na presença de Deus, basta-lhe começar a rezar o terço (aliás, a maioria das vezes sem o terminar...) para logo se ver introduzido num estado de oração interior e de comunhão com o Senhor. E é claro que hoje em dia, depois de um período de abandono, o terço «volta à ativa» como um meio precioso de entrar na graça da oração profunda e amorosa. Não se trata de uma moda ou do retorno a uma devoção ultrapassada, mas de um sinal da presença maternal de Maria – tão forte na época em que vivemos – que deseja, graças à oração, reconduzir o coração de todos os seus filhos para o Pai.

Como reagir diante de algumas dificuldades

Aridez, fastio, tentações

Sejam quais forem os métodos utilizados, a vida de oração esbarra, como é evidente, com certas dificuldades; já indicamos algumas: aridez, fastio, experiência da nossa miséria, sensação de inutilidade e outras.

Essas dificuldades são inevitáveis, e a primeira coisa a fazer é não estranhá-las, nem nos perturbarmos ou inquietarmos quando se apresentam. Não somente são inevitáveis, mas são boas: purificam o nosso amor a Deus, fortalecem-nos na fé, etc. Devem ser acolhidas como uma graça, pois fazem parte da pedagogia de Deus a nosso respeito, para nos santificar e nos aproximar dEle. O Senhor nunca permite um tempo de prova que não tenha em vista conceder-nos depois uma graça mais abundante. O essencial, como já dissemos, é não desanimar, mas perseverar. O Senhor, que vê a nossa boa vontade, fará com que tudo reverta em nosso benefício. As diversas indicações que oferecemos ao longo destas páginas parecem-nos suficientes para entender o sentido dessas dificuldades e para saber enfrentá-las adequadamente.

No caso de grandes dificuldades que persistem e nos fazem perder a paz – incapacidade total e duradoura de orar, coisa que pode acontecer –, é aconselhável abrirmo-nos a um conselheiro espiritual que poderá tranquilizar-nos e dar conselhos apropriados.

As distrações

Digamos apenas algumas palavras sobre uma das dificuldades mais comuns: as distrações na oração.

São absolutamente normais, e acima de tudo não nos devem espantar nem entristecer. Quando nos surpreendemos distraídos, quando o nosso espírito se põe a vaguear não se sabe por onde, não devemos desanimar nem recriminar-nos, mas com simplicidade, serena e suavemente, reconduzir o espírito a Deus. E, se a nossa hora de oração tiver consistido apenas nisso – em perder-nos sem cessar e sem cessar voltar ao Senhor –, não se tratará de nada muito grave. Se, de cada vez que percebermos uma distração, procurarmos voltar ao Senhor, essa oração, apesar de pobre, terá sido sem dúvida muito agradável a Deus... Deus é Pai, sabe de que massa somos feitos, e não nos pede êxitos, mas boa vontade. Muitas vezes, é muito mais benéfico para nós sabermos aceitar sem desânimo nem tristeza as nossas pobrezas e a nossa impotência, do que fazer tudo com perfeição.

Acrescentemos também que – fora certos estados excepcionais que o próprio Senhor provoca – é absolutamente impossível controlar e fixar inteiramente a atividade do espírito humano, estarmos totalmente recolhidos e atentos sem dispersão nem distração alguma. A oração pressupõe recolhimento, sem dúvida, mas não é uma técnica de concentração mental. Procurar conseguir um recolhimento absoluto seria um erro e provocaria mais uma tensão nervosa do que qualquer outra coisa.

Mesmo nos estados de oração mais passivos dos quais falamos, continua a existir uma certa atividade do espírito: surgem pensamentos, a imaginação continua a trabalhar... O coração está numa atitude de recolhimento sereno, de orientação profunda para Deus, mas as ideias continuam de um certo modo a vaguear. Às vezes, isso pode ser um pouco penoso, mas não é grave nem impede uma união do coração com Deus. Esses pensamentos são um pouco como as moscas, que vão e vêm, mas não perturbam realmente o recolhimento do coração.

Quando a nossa oração é ainda muito «cerebral», quando se baseia principalmente na atividade própria do nosso espírito, as distrações são incômodas, já que, quando estamos distraídos, deixamos de orar. Mas se, por graça de Deus, tivermos entrado numa oração mais profunda, numa oração que passou a ser do coração, as distrações incomodarão menos: o espírito pode estar um tanto distraído – cortado geralmente por um certo vaivém dos pensamentos –, mas isso não impedirá o coração de orar.

Portanto, a verdadeira resposta para o problema das distrações não é que o espírito se concentre mais, mas que o coração ame mais intensamente.

* * *

Dissemos muitas coisas e muito pouco... Desejamos apenas que este livro possa ajudar uma ou outra pessoa a empreender o caminho da oração ou a ganhar coragem para perseverar. Foi a única finalidade que nos levou a escrevê-lo. Que o leitor ponha em prática com boa vontade o que tentamos dizer, e o Espírito Santo fará o resto.

A quem deseje aprofundar nestes temas, aconselhamos a ler os escritos dos santos, especialmente os que foram citados nestas páginas. É sempre melhor entrar em contato direto com os santos pelos seus escritos, pois é neles que encontramos o ensinamento mais profundo e menos suscetível de passar de moda. Muitos tesouros admiráveis que seriam tão úteis ao povo cristão dormem nas bibliotecas. Se conhecêssemos melhor os mestres espirituais cristãos, menos jovens sentiriam o desejo de ir procurar gurus na Índia para saciar a sua sede do espiritual.

Apêndice 1

Método de meditação proposto pelo Padre Libermann[24]

Louvo a Deus pelos bons desejos que Ele lhe dá, e só posso animá-lo a aplicar-se à oração mental. Aqui está, em linhas gerais, o método que você poderá seguir para se habituar à oração.

Em primeiro lugar, leia na véspera um bom livro sobre algum tema piedoso, o que mais lhe agradar e vier ao encontro das suas necessidades, como, por exemplo, sobre a maneira de praticar as virtudes, ou principalmente sobre a vida e os exemplos de Nosso Senhor Jesus Cristo ou da Santíssima Virgem. À noite, adormeça nesses bons pensamentos e, de manhã, ao levantar-se, recorde algumas reflexões piedosas que devem ser o tema da sua oração. Após uma oração vocal preparatória, coloque-se na presença de

---

(24) Carta dirigida ao seu sobrinho Francisco, de quinze anos, para ensiná-lo a fazer oração, em *Lettres du Vénerable Père Libermann, presentées par L. Vogel*, Paris, DDB, 1964.

Deus: pense que esse Deus tão grande está em toda a parte, que está no lugar em que você se encontra, que está de uma maneira toda particular no fundo do seu coração, e adore-o. Depois, lembre-se de como você é indigno, pelos seus pecados, de aparecer diante de Sua Majestade infinitamente santa, peça-lhe humildemente perdão das suas faltas, faça um ato de contrição e recite o *Confiteor*. Em seguida, reconheça que, por si mesmo, é incapaz de rezar adequadamente a Deus; invoque o Espírito Santo; suplique-lhe que venha em sua ajuda e o ensine a orar, que lhe permita fazer uma boa oração, e recite o «Vinde, Espírito Santo». É nesse momento que começará a sua oração propriamente dita. Contém três pontos, que são: a adoração, a consideração e os propósitos.

1º. Adoração

Comece por prestar homenagem a Deus, a Nosso Senhor Jesus Cristo ou à Santíssima Virgem, conforme o tema da meditação. Assim, por exemplo, se você medita sobre uma perfeição de Deus ou sobre uma virtude, preste homenagem a Deus, que possui essa perfeição em grau infinitamente elevado, ou a Nosso Senhor, que praticou essa virtude tão perfeitamente: por exemplo, se a sua oração for sobre a humildade, pense como Nosso Senhor foi humilde, Ele que era Deus desde toda a eternidade e que se humilhou até o extremo de se fazer criança, nascer numa manjedoura, obedecer a Maria e a José durante tantos anos, até o extremo de lavar os pés dos seus Apóstolos e de sofrer toda espécie de opróbrios e ignomínias por parte dos homens. Então, manifeste-lhe a sua admiração, o seu amor, o seu agradecimento, e incite o seu coração a amá-lo e a desejar imitá-lo. Pode também considerar essa virtude na Santíssima Virgem ou em algum outro santo: ver como a praticaram e manifestar a Nosso Senhor o desejo de imitá-los.

Se estiver meditando sobre um mistério de Nosso Senhor, por exemplo sobre o mistério do Natal, pode evocar com o auxílio da imaginação o lugar onde se passou esse mistério, as pessoas que lá se encontravam; poderá imaginar, por exemplo, a gruta onde o Salvador nasceu, representar o divino Menino Jesus nos braços de Maria, com São José ao lado, os pastores e os magos que lhe vêm prestar as suas homenagens; e unir-se a eles, para adorá-lo, louvá-lo e orar-lhe.

Pode também servir-se de representações parecidas quando meditar sobre as grandes verdades, como o inferno, o juízo e a morte; imaginar, por exemplo, que você está na hora da morte, pensar nas pessoas que estarão à sua volta: um sacerdote, os seus pais; nos sentimentos que experimentará nesse momento; e dirigir para Deus os afetos, os sentimentos de temor, de confiança ou outros que terá nessa hora. Depois de se deter nesses afetos e sentimentos pelo tempo em que lhe derem gosto e matéria para se ocupar utilmente, passe para o segundo ponto, que é a consideração.

2ª. Consideração

Agora, repasse lentamente no seu espírito os principais motivos que devem convencê-lo da verdade sobre a qual medita. Por exemplo, considere a necessidade de trabalhar na sua salvação, se estiver meditando sobre ela; ou os motivos que devem fazê-lo amar e praticar esta ou aquela virtude; se o tema for a humildade, poderá considerar as muitas razões que o levam a ser humilde: em primeiro lugar, porque esse foi o exemplo de Nosso Senhor, o da Santíssima Virgem e o de todos os santos; depois, porque o orgulho é a fonte e a causa de todos os pecados, ao passo que a humildade é o alicerce de todas as virtudes; enfim, porque você não tem nada de que possa orgulhar-se. O que tem você que não tenha recebido de Deus? A vida, a conservação nela, a saúde do espírito, os bons pensamentos, tudo vem de Deus; portanto, você não tem nada de que se possa vangloriar; ao contrário, tem muito de que se humilhar, pensando nas inúmeras vezes em que ofendeu o seu Deus, o seu Salvador, o seu Benfeitor.

Para fazer estas considerações, não procure repassar na memória todos os motivos que tenha para convencê-lo desta ou daquela verdade ou para praticar esta ou aquela virtude. Detenha-se apenas em alguns motivos que o toquem particularmente e que serão os mais apropriados para levá-lo a praticar essa virtude. Faça essas considerações serenamente, sem cansar o espírito. Quando uma consideração já não o impressionar, passe para uma outra. Entremeie tudo isso com piedosos afetos para com Nosso Senhor, com desejos de ser-lhe agradável; dirija-lhe, de vez em quando, algumas breves súplicas e aspirações, para testemunhar-lhe os bons desejos do seu coração.

Depois de ter considerado os motivos, penetre no fundo da sua consciência e examine cuidadosamente como se comportou até esse momento em relação a essa verdade ou a essa virtude sobre a qual meditou; quais as faltas que cometeu, por exemplo, contra a humildade, se tiver meditado sobre a humildade; em que circunstâncias cometeu essas faltas; que meios poderá adotar para não tornar a cair nelas. Então, passará ao terceiro ponto, que são os propósitos.

3º. Propósitos

Aqui está um dos maiores frutos que você deve colher da sua oração: o de fazer bons propósitos. Lembre-se de que não basta dizer: «Não voltarei a ser orgulhoso, não me gabarei, não ficarei de mau humor, praticarei a caridade com todos, etc.»

Sem dúvida, são todos desejos excelentes, pois demonstram uma boa disposição da alma. Mas é preciso ir mais longe: pergunte-se em que circunstâncias do dia você correrá o risco de cair nessa falta que se propôs a evitar, em que circunstâncias poderá fazer um ato desta ou daquela virtude. Por exemplo, imaginemos que você meditou sobre a humildade; muito bem! Ao examinar-se, terá notado que, quando é interrogado em aula, sente dentro de si um grande amor-próprio, um vivo desejo de ser apreciado; nesse caso, faça o propósito de recolher-se um instante antes de responder, para dizer ao Senhor, num ato interior de humildade, que renuncia de todo o coração a qualquer sentimento de amor-próprio que possa surgir na sua alma. Se notou que, em determinada circunstância, costuma dissipar-se, faça o propósito de fugir dessa ocasião, se puder, ou de recolher-se um pouco no momento em que perceber que pode dissipar--se. Se notou que tem uma certa antipatia por esta ou aquela pessoa, tome a resolução de ir ter com ela e manifestar-lhe amizade. E assim por diante.

Mas lembre-se de que, por muito belos e bons que sejam os seus propósitos, tudo será inútil se Deus não vier em seu socorro. Cuide de pedir-lhe insistentemente a sua graça. Faça-o depois de ter tomado as suas resoluções – e ao tomá-las –, para que Ele o ajude a cumprir fielmente esses propósitos; mas faça-o também de vez em quando nos outros momentos da sua oração.

Em geral, a sua oração não tem por que ser árida e apenas um trabalho da sua mente; é necessário que o seu coração se abra e se dilate diante do seu bom Mestre, tal como o coração de uma criança se abre diante de um pai que a ama com ternura. Para tornar os seus pedidos mais fervorosos e eficazes, coloque-se amorosamente diante de Deus e diga-lhe que é para a sua glória que lhe pede a graça de praticar essa virtude sobre a qual meditou; que lha pede para poder cumprir a sua santa vontade como fazem os anjos no céu; que a pede em nome do seu amado Filho, Jesus Cristo, que morreu na cruz para merecer-lhe todas essas graças; diga-lhe que Ele prometeu atender a todos os pedidos que lhe fizessem, sempre que o fizessem em nome do seu Filho, etc.

Recomende-se também à Santíssima Virgem. Suplique a essa boa Mãe que interceda por você: Ela é todo-poderosa e cheia de bondade; não sabe recusar nada, e Deus concede-lhe tudo o que pede por nós. Recomende-se igualmente ao seu santo Padroeiro e ao seu Anjo da Guarda: as suas orações não poderão deixar de alcançar a graça, a virtude e a fidelidade às resoluções de que você tanto precisa.

Ao longo do dia, lembre-se algumas vezes dos seus bons

propósitos, para que consiga pô-los em prática, ou para ver se os observou bem, e renove-os para o resto do dia. De quando em quando, eleve o coração ao Senhor para se fortalecer nas boas disposições que Ele tiver depositado no seu coração durante a oração da manhã. Se o fizer, esteja certo de que tirará grande proveito deste santo exercício, de que fará grandes progressos na virtude e no amor a Deus.

Quanto às distrações nas suas orações, não se inquiete; assim que as notar, rejeite-as e continue serenamente a sua oração ou as suas preces vocais. É impossível não ter distrações; a única coisa que Deus nos pede é que voltemos fielmente à sua presença logo que percebamos que nos distraímos. Pouco a pouco, essas distrações irão diminuindo e a oração se tornará mais doce e mais fácil.

Estes são, querido sobrinho, os conselhos que lhe podem servir para facilitar a prática tão necessária da oração. É o grande meio que todas as almas santas empregaram para santificar-se. Espero que, como a elas, com a graça, esse meio lhe traga proveito e que a sua boa vontade seja recompensada pelas graças do bom Mestre.

Apêndice 2
A prática da presença de Deus, segundo as cartas do irmão Lourenço da Ressurreição (1614-1691)[25]

A prática mais santa e mais necessária à vida espiritual é a presença de Deus, que consiste em comprazer-se na sua divina companhia e em habituar-se a ela, conversando humildemente e entretendo-se amorosamente com Ele em todas as horas, em todos os momentos, sem regras nem medida; principalmente à hora das tentações, das dificuldades, da aridez, do fastio e até mesmo das infidelidades e dos pecados.

Temos de aplicar-nos continuamente a fazer com que todas as nossas ações sejam como pequenos encontros com Deus, sem especial preparação, mas tal como brotam da pureza e da simplicidade do coração.

Temos de agir sempre com ponderação e medida, sem o ímpeto e a precipitação que acompanham um espírito disperso. Temos de trabalhar serena e amorosamente sob o

---

(25) Extraído de Laurent de la Réssurrection, *L'expérience de la présence de Dieu*, Le Seuil, Paris, 1997.

olhar de Deus, pedir-lhe que o nosso trabalho seja do seu agrado, e assim, por essa presença contínua de Deus, quebraremos a cabeça do demônio e faremos cair-lhe das mãos as suas armas.

Durante o nosso trabalho e outras atividades, mesmo durante as nossas leituras, ainda que espirituais, durante as nossas devoções externas e as nossas orações vocais, devemos fazer uma breve pausa, com a maior frequência que pudermos, para adorar a Deus no fundo do nosso coração, comprazer-nos nEle e, de passagem e como que às escondidas, louvá-lo, pedir-lhe ajuda, oferecer-lhe o nosso coração e dar-lhe graças.

Que pode haver de mais agradável a Deus do que abandonarmos assim, mil vezes por dia, todas as criaturas, para nos retirarmos e adorá-lo no nosso interior?

Não podemos prestar a Deus maior testemunho da nossa fidelidade do que renunciando e desprezando milhares de vezes a criatura para usufruirmos do Criador por um único momento. Esse exercício destrói pouco a pouco o amor-próprio, que só pode subsistir entre as criaturas e do qual nos livram, insensivelmente, os frequentes retornos a Deus...

Não é necessário estar sempre na igreja para estar com Deus. Podemos fazer do nosso coração um oratório, para onde nos retiremos de vez em quando e lá conversemos com Ele. Todos somos capazes dessas conversas familiares com Deus: basta elevar ligeiramente o coração, como escreve o irmão Lourenço quando aconselha esse exercício a um nobre: uma pequena lembrança de Deus, uma adoração interior, mesmo que seja correndo e com a espada na mão. Essas orações, por breves que sejam, são muito agradáveis a Deus e, longe de fazerem perder a coragem nas ocasiões mais perigosas, fortalecem-na. Portanto, que esse homem se lembre disso o mais que puder; é uma maneira de rezar bem adequada e muito necessária a um soldado, sempre exposto aos perigos da sua vida e frequentemente da sua salvação.

Este exercício da presença de Deus é de grande utilidade para fazer bem a oração, pois impede que o espírito divague durante o dia e o conserva bem junto de Deus, de modo que lhe será mais fácil permanecer tranquilo durante a oração...

Índice

Introdução 5

A oração não é uma técnica, mas uma graça 9
    A oração não é um «ioga» cristão 9
    Algumas consequências imediatas 12
    A fé e a confiança, bases da oração 14
        Fé na presença de Deus 14
        Fé em que todos somos chamados à vida de oração e contamos com a graça necessária 15
        Fé na fecundidade da vida de oração 16
    Fidelidade e perseverança 17
    Pureza de intenção 18
    Humildade e pobreza de coração 21
    A determinação de perseverar 24
        Sem vida de oração, não há santidade 25
        O problema da falta de tempo 27

O tempo que se dá a Deus não é um tempo roubado aos outros	28
É suficiente orar trabalhando?	30
A cilada da falsa sinceridade	32
A cilada da falsa humildade	36
Dar-se inteiramente a Deus	41

Como empregar o tempo da oração ... 47

Introdução	47
Quando a questão não se põe	49
Primado da ação divina	54
Primado do amor	57
Buscar a simplicidade	60
Deus dá-se através da humanidade de Cristo	62
Deus habita no nosso coração	67

Evolução da vida de oração ... 73

Da inteligência ao coração	73
Por que essa pobreza é uma riqueza?	77
O coração ferido	80
Fazer oração: manter aberta a ferida	84
O nosso coração e o coração da Igreja	86

As condições materiais da oração ... 91

Tempo	92
O momento adequado para fazer oração	92
Duração do tempo de oração	93
Lugar	94
Atitudes corporais	95

ÍNDICE

Alguns métodos de oração 97
    Introdução 97
    A meditação 98
    A oração do coração 103
    O terço 105
    Como reagir diante de algumas dificuldades 107
        Aridez, fastio, tentações 107
        As distrações 108

Apêndice 1
Método de meditação proposto pelo Padre Libermann 111
    1º. Adoração 112
    2ª. Consideração 113
    3º. Propósitos 115

Apêndice 2
A prática da presença de Deus, segundo as cartas do irmão Lourenço da Ressurreição (1614-1691) 119

Direção geral
Renata Ferlin Sugai

Direção editorial
Hugo Langone

Produção editorial
Gabriela Haeitmann
Ronaldo Vasconcelos

Capa
Gabriela Haeitmann

Diagramação
Sérgio Ramalho

ESTE LIVRO ACABOU DE SE IMPRIMIR
A 24 DE OUTUBRO DE 2024,
EM PAPEL PÓLEN BOLD 90 g/m².